愛の論理学

高橋昌一郎

角川新書

目次

目次

第一夜　「隣人愛」と「遺伝子」
〈宗教学的アプローチ〉……7
第二夜　「服従愛」と「名誉殺人」
〈文化人類学的アプローチ〉……37
第三夜　「動物愛」と「子猫殺し」
〈芸術学的アプローチ〉……67
第四夜　「異性愛」と「化学物質」
〈心理学的アプローチ〉……101

第五夜　「同性愛」と「同性婚」
〈社会学的アプローチ〉…… 141
第六夜　「平等愛」と「新生児救命」
〈医学的アプローチ〉…… 169
第七夜　「人類愛」と「宇宙」
〈哲学的アプローチ〉…… 207
おわりに 244
参考文献 256

第一夜　「隣人愛」と「遺伝子」〈宗教学的アプローチ〉

マスター　いらっしゃいませ。
名誉教授　こんばんは。ソメイヨシノが満開になったね。桜の花びらが舞い散る並木道を歩いてきたんだが、実に気持ちのよい季節になった。
シェイクで思いきり冷たくしたマティーニを頼むよ。
マスター　かしこまりました。今日は本当に、春らしい陽気ですね。
どこか行っていらしたんですか？
名誉教授　今夜は出版社の社長とフグを食べてきたよ。フグの旬は「秋の彼岸から春の彼岸まで」と言われているから、食べ納めというわけだ。
マスター　フグは、全身が美味《おい》しいですからね。白身の薄造りのフグ刺しに細切りの皮、唐揚げにブツ切りの鍋《なべ》、締めには雑炊にして……。
名誉教授　焙《あぶ》ったフグのヒレを熱燗《あつかん》に入れて、火でアルコールを飛ばして飲む「ヒレ酒」も、まろやかで旨《うま》かったよ……。
それにしても、このバーには客がいないなあ。私はここに来る度に、いつ店が潰《つぶ》れて消えてしまっているのかと、心配になるんだがね。
マスター　あははは、先生は相変わらずお元気そうですね。

名誉教授　我ながら、たしかに元気一杯だ！
　定年退職のおかげで、こんなに爽《さわ》やかな気持ちになるとは思わなかったよ。もっとも、若い学生諸君と顔を合わせなくなったことだけは、少し寂しい気もするがね。

マスター　大学にいらした頃の先生は、いつもお忙しそうでしたからね。

名誉教授　世界を飛び回って、第一線の研究者と切磋琢磨《せっさたくま》し合った経験は、何にも代えがたいものだ。今年もアテネとロンドンの国際学会の招待講演には出掛けるつもりだがね。
　それにしても、日本の大学は閉鎖的すぎるよ。もっと門戸を開放して、世界の研究者を積極的に受け入れなければ……。

アイ　おはようございます。あら、お客さん、いらっしゃいませ！

名誉教授　「おはようございます」って、もう夜は更けているじゃないか。

マスター　我々の業界では、これが一日の始まりの挨拶《あいさつ》ですから……。
　今月からアルバイトで入ってもらうことになったアイちゃんです。就活中の学生さんですから、優しくしてあげてください。
　こちらが、私の指導教官だった名誉教授の……。

アイ　あの有名な大先生ですね！　マスターから伺っています。よろしくお願いします。

名誉教授　「就活中」だって？　なぜ正確に「就職活動中」と言わないんだ！　それでなくても君は、日本語の用法が正確でないために、博士論文審査でも副査から何度も注意されて、危うく却下されそうになったじゃないか！

アイ　えっ、マスターが、博士論文を書いたんですか？

名誉教授　この男はね、私の研究室で博士号を取得して、大学の非常勤講師になったにもかかわらず、ある日突然、大学から去ってしまったんだよ！

マスター　先生にはお世話になったのに、本当に申し訳ないです。ボクだって、研究は続けたかったんですが……。

アイ　どうして？

マスター　このバーをやっていた叔父《おじ》が病気に罹《かか》って、田舎で療養することになったから、店を引き継ぐことにしたんだよ。

なにしろ大学の非常勤講師といっても、週に二コマの授業では、とても生活していけなくてね……。

名誉教授　生活なんか、アルバイトで稼げば、どうにかなるじゃないか。そこで歯をくいしばって、学問を続けることが大切なんだ！

マスター 予備校でバイトしているうちに、そちらが本職になった先輩はいますが……。その方が、大学の非常勤講師よりも圧倒的に給料がよいですから。

ボクの同期の国立大学の「ポスドク」なんか、身体が鈍《なま》るからとゴミ収集のバイトを始めたんですが、今ではその仕事が大好きになったと言っていましてね。ヒゲをボウボウに生やして、日焼けした立派な体格になって、とても研究者には見えません。

アイ 大学の先生になるって、大変なんですね……。

それで、その「ポスドク」って、何ですか？

名誉教授 それも略語でね、博士号を取得した後の「ポスト・ドクター」のこと。その時期の苦難に耐えて必死で研究を続け、立派な論文を発表していたら、今頃は大学の専任教授職に就いていたかもしれないのに……。

君は少し、諦《あきら》めが早すぎるんだよ。

マスター でも先生、現代の日本では、博士課程修了者の十人に一人も専任教授職に就けないんですよ。

一九九〇年代、「二十一世紀には大量の大学院修了者が必要になる」という触れ込みで「大学院重点化政策」が採られましたよね。そして、当時は年間七万人程度だった大学院修了者が、二十一世紀には、実際に年間二十七万人以上にまで膨れ上がった。
それにもかかわらず、専任教授職のポストは、ほとんど増えていないどころか、むしろ大学生の少子化の影響で減っているんだから、いわゆる「高学歴ワーキングプア」が激増するのも無理ないんですよ。

名誉教授　たしかに日本の教育政策は、その時点の政府の思いつきで変更されるから、教育現場は右往左往するばかりだ。
もっと長期的かつ総合的なビジョンを持った政治家や官僚が日本に増えてくれればいいんだが……。

マスター　とくに最近は、すぐに応用できる分野ばかりが重視されて、ボクの専門のような基礎分野は、研究費さえ削減されていますからね。シンガポールから留学してきた院生が、こんなに基礎研究者が大事にされない国は、先進国の中でも珍しいと言って非難していましたよ。
それにボクは、結局、大学教授なんて柄じゃないんですよ。論文がうまく書けないと精神的に不安定になってくるし、出来の悪い学生を見るとイライラしてくるし、大学の委員会だとか社会貢献なんて耐えられないし……。

名誉教授　もう過ぎた話だし、君のことはもういい。
　それよりも、お嬢さんは、どうしてこんなところで働いているんですか？

アイ　実は、母が病気で入院してしまって……。
　それで、自分の学費ぐらいは自分でどうにかしようと思ったんです。

マスター　アイちゃんは、昼もカフェのバイトをやった後に、ここに来ているんですよ。がんばるなあ……。

名誉教授　アイというと、「ＬＯＶＥ」の「愛」という字？

アイ　そうです。でも自分の名前は「愛」なのに、それが何を意味するのかわからなくて、そのことで悩んでいるんです。

マスター　アイちゃんは魅力的だから、きっといろんなボーイフレンドに迫られて、困っているんだよね。

アイ　そんな悩みじゃありません！　もっと深刻な悩みです。
　マスターから聞いたんですが、先生は、何でも知らないことはない大天才なんでしょう？　「愛」とは何なのか、教えてください！

■「目には目を、歯には歯を」

名誉教授　「愛」とは何かといっても、学問的にはいろいろなアプローチがあるからね。すぐに浮かぶのは、宗教学と文化人類学、芸術学と心理学、社会学と医学、それに哲学かな……。

マスター　それだったら、先生ご専門の論理学からアプローチされてはいかがでしょうか？　「愛の論理学」なんて、おもしろそうじゃないですか！

アイ　「愛の論理学」！　その話、伺いたいです。

マスター　そもそも「愛」は人間の「感性」を突き詰めたところに位置し、逆に「論理」は「理性」を突き詰めたところに位置するわけでしょう。つまり「愛」と「論理」は正反対の水と油のようなものだから、愛を論理的に分析したら、逆に新たに何か見えてくることもあるんじゃないでしょうか？

名誉教授　「愛の論理学」だって？　それはイヤだね……。

せっかく私は引退して、気持ちよく冷たいマティーニを飲んでいるところだ。ここで再び論理学の講義をするつもりはない！

アイ　そんなこと言わないで、教えてください。先生、「愛」は、どこから発生したんでしょうか？

名誉教授　「愛」はどこから発生したのか？

それは、興味深い問題かもしれないな……。

人類最古のメソポタミア文明を振り返ってみようか。原始的な集落が、村となり都市となり、古代都市国家が建設される段階で、無数の争いが生じた。そこで最初に出来上がったのが、「目には目を、歯には歯を」という規範だった。

アイ　それ、知っています。人の目を刺せば自分の目も刺される、人の歯を突いたら自分の歯も突かれる。大学の授業に出てきましたが、人を殺せば自分も殺されるという「応報主義」のことですね。

名誉教授　たしかにそうなのだが、「悪行は必ず報いを受ける」という「因果応報」のような「応報」の意味とは、必ずしも直結しないんだよ。

紀元前十八世紀中頃、バビロン第一王朝の第六代ハンムラビ王が最初に成文化したのが、二百八十二条におよぶ『ハンムラビ法典』だった。

「目には目を」という条文は、その第百九十六条に登場する。これが「応報」を認めた条文とみなされることが多いんだが、本来は、むしろそれ以上の「復讐《ふくしゅう》」はしないようにと禁止した「同罪刑法」の考え方でね。

アイ　「復讐」を認めたのではなく、禁止したということですか？

名誉教授　そういうことだ。そもそも人間は基本的に、一発殴られたら二発、二発殴られたら四発殴り返したくなるという動物的本能に支配されている。

　もし味方が一人殺されたら敵を二人殺す、二人殺されたら四人殺すという「倍返し」を繰り返したら、どうなると思うかね？

アイ　結果的に、味方か敵か、どちらかの部族が絶滅するまで、殺戮《さつりく》を繰り返してしまうということでしょうか？

マスター　そうなってしまうだろうね。人間の本能的な「攻撃性」は、エスカレートすると手に負えなくなるから……。

　先生の授業で、動物行動学者コンラート・ローレンツの『攻撃』を読んだことを思い出しますよ。小さな動物から人間に至るまで、「親和性」と「攻撃性」が裏腹だという議論は、実に刺激的でした。

アイ　それは、どういうことですか？

マスター　「親和性」が深いほど「攻撃性」が高まるように生物が進化してきたという理

論でね。簡単に言うと、動物は「愛情」が深いほど「攻撃的」になるということ。哺乳類《ほにゅうるい》の大多数は、子育て中の母親が通常の倍以上「凶暴」になるという調査結果があるんだよ、人間の母親も含めてね。

逆に、共通の敵がいれば、集団の「親和性」も大いに高まることもわかっている。つまり、部族を一致団結させるためには、皆が強い憎しみを抱いて復讐したい攻撃対象が存在する方がよいというわけだ。

名誉教授 そのような部族間で「倍返し」の復讐の連鎖が続けば、相互の報復に際限がなくなることは、論理的にも明らかだろう。そんなことを容認していたら、さまざまな異民族の集まった都市国家を統一することなど不可能になる。

そこで、第六代バビロニア王は、たとえば目を傷つけられた者は相手の目を傷つけて終わりにせよ、歯を傷つけられた者は相手の歯を傷つけて終わりにせよ、相手にも同じ被害を与えたら、それで終わりにせよという法を定めたのだ。

ちなみに『ハンムラビ法典』の第一条は、「人が他人を死刑に値する罪だと訴えたとき、その事実が認められなかった場合は、訴えた者が死刑にならなければならない」と説いている。つまり、他人に死刑を求める者は、その原因を立証できなければ、自分が死刑になるだけの覚悟がなければならない、とまで要求しているわけだ。

マスター　それは立派な教えですね！　日本の「足利事件《あしかが》」では、無期懲役判決を受けた人物が、ＤＮＡ判定で無実と判明して、二十年近く経ってから釈放されていますが、あれなんか酷《ひど》すぎますよ。

もし痴漢の冤罪《えんざい》事件に引っ掛かったら、会社員は会社をクビになるし、家庭は離婚騒動になるし、人生破滅ですからね。「疑わしきは罰せず」すなわち「犯罪が立証されない限りは無罪」だという民主主義の原則は、どこにいってしまったのか！

名誉教授　ちょっと君は、落ち着きなさい。今は、紀元前を振り返っているところじゃないか。

その後、千八百年近く続いた「同罪刑法」の考え方は、ユダヤ教の『旧約聖書』に受け継がれた。『旧約聖書』の根底にある「契約」の概念が、神からモーセに与えられたとされる「十戒」にあることは知っているね？

アイ　モーセの「十戒」！　聞いたことがあります。

名誉教授　モーセの「十戒」は、最初に「ヤハウェ」が唯一神であることを宣言し、偶像崇拝を禁止、神の名をみだりに唱えない、安息日を守る、父母を敬う、殺すなかれ、姦淫《かんいん》するなかれ、盗むなかれ、偽証するなかれ、隣人を妬《ねた》むなかれ、と十の戒律をイスラエルの民に言い渡したものだ。

その後、モーセが書いたと言われる「モーセの五書」すなわち『創世記』・『出エジプト記』・『レビ記』・『民数記』・『申命記』には、イスラエル建国の歴史と同時に、数えきれないほどの細かな社会的規範や道徳的規範が付け加えられた。

その『レビ記』第二十四章には、「人を殺すものは必ず殺されるべし。家畜を殺す者は、代わりの家畜を償うべし。人がその隣人に傷を負わせたら、彼がしたように彼もされるべし。骨折には骨折、目には目、歯には歯をもって償うべし」と記されている。

アイ　まさに『ハンムラビ法典』と同じ考え方ですね。

■石打刑

名誉教授　さらに厳しい刑罰としては、たとえば『申命記』第二十二章に、「男が人妻と寝ているところを見つけたならば、その男も女も共に殺して、イスラエルの中から悪を取り除かなければならない。ある男と婚約している処女の娘がいて、別の男が彼女と町で出会い、床を共にしたならば、その二人を町の門に引き出し、石で打ち殺さなければならない」とある。

アイ　石で打ち殺すって、どういうことですか？

マスター　これは「石打刑」と呼ばれる刑罰でね、恐ろしく残酷な殺人だよ。

受刑者の身体を地面に埋めて、首から上だけが出るようにして、周囲から村人が石を投げ当てて殺害する。これに参加しないと村八分にされてしまうから、村人は全員が参加しなければならない。

受刑者は、顔の肉が引き裂かれ、骨が砕かれ、頭蓋骨《ずがいこつ》に穴が開いて脳に損傷を受けるまで、苦しみながら死ぬことになる。

名誉教授　ユダヤ教から分岐したイスラム教の規範『シャリーア』によれば、その「石は、受刑者が一つか二つ受けただけで死んでしまうほど大きすぎてはならず、石とは呼べないほど小さすぎてもならない」ことになっている。

現在でも、イラン、アフガニスタンやサウジアラビアでは、『シャリーア』に基づく憲法や刑法を定めて、姦通罪などに対して「石打刑」を行っているんだ。

アイ　残酷すぎますね……。

マスター　ボクの先輩が国連の人権擁護部門に勤めていてね、「石打刑」の全面廃止を訴えているんだけど、なかなか難しいらしい。

名誉教授　ところが、紀元前の終わり、その種の厳しい刑罰や戒律によって人間を縛り付けようとするユダヤ教の根本方針そのものに立ち向かったのが、ナザレのイエスだった。

イエスの説く思想は、ユダヤ教徒からすれば非常に危険な内容だったから、結果的に彼は、十字架に磔《はりつけ》にされて殺された。しかし彼は、その後に復活したと伝えられ、「救世主」を意味する「キリスト」と呼ばれるようになった。

イエスが民衆に語りかけているところに、ユダヤ教の律法学者が一人の女を引きずってきたことがある。彼女は、姦淫の罪を犯している場面を見つかった娼婦《しょうふ》だった。ユダヤ教の律法学者は、イエスを試そうとして「この女をどうするつもりだ？」と尋ねた。

『ヨハネによる福音書』第八章によれば、イエスは、次のように答えている。「罪を犯したことのない者だけが、この女に石を打つがよい」とね。

アイ　そこでいう「罪」とは、どういうことですか？

名誉教授　そこが非常に重要な点だ。『マタイによる福音書』第五章には、「情欲をもって女を見る者は、すでに心の中で女を姦淫したことになる」というイエスの言葉が登場する。

つまりイエスは、「心の中」でさえ「罪」を犯したことのない者だけが、この女に石を打つ権利があると説いたと考えられる。

アイ　それで、どうなったんですか？

名誉教授　周囲にいた民衆は、一人また一人と去っていき、最後にはイエスと女だけが残された。結局、誰も、その女に石を打てなかったというわけだ。

また、『ルカによる福音書』第十章では、イエスが次のような逸話を述べている。あるユダヤ人がエルサレムから旅に出たところ、途中で強盗に襲われて身ぐるみ剝《は》がれ、半死半生となって道端に倒れていた。

そこに、ユダヤ教の祭司や律法学者が通り過ぎたが、彼らは「汚れ」や「穢《けが》れ」に関する非常に細かな戒律に縛られているため、この人に触れることもできず、助けることもできなかった。

結果的に、このユダヤ人を助けたのは、彼らから「下層民」と忌み嫌われていたサマリア人だった。この「よきサマリア人」は、倒れたユダヤ人の傷口にオリーブ油と葡萄《ぶどう》酒を注いで治療し、家畜に乗せて宿屋まで運び、宿屋の主人に金まで渡して世話を頼んだ。

この逸話を通してイエスは何を言いたかったのか、いろいろな解釈があるんだが、要するに、ユダヤ教の戒律や律法だけでは、人は救えないということだ。

マスター　「儀礼」や「規範」ばかりに縛られている人間は、現実には何もできない。祭司や律法学者は、言うことだけは立派だが、現実には人を救えないじゃないかと批判しているように聞こえますね。

アイ　私には、人を差別してはならないとイエスが教えているように聞こえました。そのユダヤ人の旅人も、元気なときにはサマリア人を差別していたんでしょう？　でも彼は、そのサマリア人に命を救われたのですから……。

■「汝の隣人を愛せよ」

名誉教授　こちらは『マタイによる福音書』第五章に登場する言葉だが、イエスは、「『目には目を、歯には歯を』といわれているが……悪しき者に手向かってはならない」と、応報主義と同罪刑法そのものを明確に否定しているんだ。

その代わりにイエスが説いたのは、まったく新しい教えだった。

「誰かがあなたの右の頰を打つなら、左の頰をも向けなさい。あなたを訴えて下着を取ろうとする者には、上着をも取らせなさい。誰かが千歩行くように強要するなら、一緒に二千歩行きなさい。求める者には与えなさい。あなたから借りようとする者に、背を向けてはならない」！

マスター　キリスト教で理解できないのは、そこなんですよ。ボクには、とても真似できませんね！

　だって、誰かがボクの右の頬を殴ってきたら、左の頬もどうぞ殴ってくださいと差し出すなんて！　マゾヒストだったら、それでよいのかもしれないけれど……。

名誉教授　たしかに、常識的には考えられない、信じられないような発想だ。

　しかし、もし相手が君の子どもだったらどうだろう？　もし君の子どもが憤って君に殴りかかってきたら、よろしい、気が済むまでお父さんを殴りなさい、という状況がありうるのではないかね？

　君の子どもが寒そうに凍えていたら、君は自分の下着ばかりか、上着も喜んで与えるだろう？　あるいは、君の子どもが重い荷物を持って千歩進まなければならないとき、君は進んで一緒に重い荷物を持って二千歩でも一緒に行くかもしれないだろう？

アイ　あっ、もしかして、それが「愛」ということですか？

名誉教授　歴史的には、イエスによって「赦《ゆる》し」という意味での「愛」の概念が、初めて明確に表明されたとみなすことができるだろう。

暴力は暴力を引き起こし、残虐な刑罰は残虐な犯行を生み出すのではないか。イエスは、悪人を赦し、「汝《なんじ》の敵を愛する」ことによって、暴力の連鎖が止まり、世界が救われると考えたのだ。

『ルカによる福音書』第六章に「赦しなさい。そうすれば、あなたも赦される。与えなさい。そうすれば、あなたも与えられる」とある通りだ。

マスター　それはそうかもしれませんが、あまりにも理想主義的すぎるんじゃないでしょうか。やはりボクは、キリスト教的な「赦し」の思想だけでは「悪」を撃退できないと思います。この世界には、徹底的に極悪非道で、非人道的な犯罪者も存在しますからね。

それどころか、キリスト教徒自体、非人道的な行為に走った歴史もあるじゃないですか！　紀元前三世紀、エジプトのプトレマイオス朝が人類の英知を結集して築いたアレクサンドリアの図書館を、キリスト教徒は、四世紀から五世紀にかけて徹底的に破壊し尽くしてしまった。

中世のキリスト教会は、異端者や魔女に残酷な拷問や火あぶり刑を用いたし、世界各地で生じた宗教戦争や、布教の名の下《もと》に行われた侵略戦争では、先住民の殺戮や圧政が当然のように賞賛されてきたんですからね。

名誉教授　たしかに、キリスト教はさまざまな宗派に分裂し、なかには過激な教えを説くものも存在する。その長い歴史に暗黒面があることは事実だ。

その一方で、原点に位置するナザレのイエスが、「戒律」や「律法」で人を縛り付けようとするユダヤ思想の行き詰まりを「愛」の思想によって打破しようとしたことはたしかだ。「愛」はどこから発生したのかと問われれば、やはり歴史的にはイエス・キリストを挙げざるをえないだろう。

ここで論理的に興味深いのは、「戒律」や「律法」があるからこそ、人間は「悪」を知る可能性もあるということでね。

アイ　それは、どういうことでしょうか？

名誉教授　パウロについて考えてみよう。彼は、もともとは厳格なユダヤ教徒としてキリスト教徒を弾圧していたが、回心してキリスト教徒となり、最初の布教を行った人物だ。

彼は、『ロマ書』第七章で、次のように述べている。「律法がなければ、私は罪を知らなかった。律法が「むさぼるな」と命じなかったら、私はむさぼりという罪を知らなかっただろう。だがその戒律ゆえに罪は私の心に浮かび、あらゆるむさぼりの心を起こさせた」とね。

マスター　つまり、「戒律」や「律法」があるからこそ、逆に「罪」を意識させてしまうということですね。

その点は、たしかに論理的にはパラドキシカルですね。

アイ　「戒律」や「律法」だけでは、人を救えない。ということは、さきほどのお話にあったように、他者を自分の子どものように慈しむのが「愛」だということなのでしょうか？

名誉教授　イエスの「汝の隣人を愛せよ」という言葉にも、いろいろな解釈があるが、基本的には、他者を自分の子どもや家族、もっと言えば、他者を自分自身のように慈しみなさい、ということだろうね。

イエスによれば、そもそも人間はすべて「神の子」なんだよ。もし君が盗人《ぬすっと》の家庭に生まれて、盗人たちに囲まれた環境で育っていたら、君自身も当然のように盗人になっていただろう。

つまり、君から何かを盗もうとする盗人は、もしかすると、ちょっとした神の采配《さいはい》一つで、君自身だったかもしれないということだ。イエスによれば、神の前では、君とその盗人に差はない。したがって君は、その盗人を罰するのではなく、むしろ、その盗人に与えるべきだという論法が出てくる。

アイ　その教えは感動的ですね。「愛」とは何か、少しだけど、見えてきたような気がします。

名誉教授　パウロは、『コリント書』第十三章で、次のように述べている。

「愛は忍耐強い。愛は情け深い。ねたまない。愛は自慢せず、高ぶらない。礼を失せず、自分の利益を求めず、いらだたず、恨みを抱かない。不義を喜ばず、真実を喜ぶ。すべてを忍び、すべてを信じ、すべてを望み、すべてに耐える。愛は決して滅びない」

■父親の顔

マスター　ところで、アイちゃんの「愛」の悩みって何だったの？

アイ　いえ、もういいんです。

マスター　悩みというのはね、誰かに理解してもらうだけで気が楽になるもんだから、話してみたら？　まあ、解決できるかどうかは別だけどね。

アイ　でも、今は仕事中ですから……。

名誉教授　仕事中といっても、どうせ客は来ないだろうがね。

マスター　どうせ暇ですよ！　ボクも相談に乗るから、話してごらんよ。

アイ　すみません。それじゃあ、お話しします。

　実は私が二十歳になったときから悩んでいることなんですが、それは、私が父親の顔を知らないということなんです。

　母が父と離婚したのは私が一歳になったばかりの頃ですから、まったく記憶にありません。でも、母が悩んで考え抜いて選んだ道ですから、私はそれについては、何も言うつもりはありません。

　ただ、写真も手紙も、家中を探しても、父に関する物が何もないのです。これには驚きました。父は、よほど母の記憶から消したい存在なのでしょうか。

　これまで母は、一生懸命働いて、何不自由なく私を育ててくれました。そして、今まで私は、父の顔を知らないことを、むしろ幸せだと思ってきました。

　というのは、中学校のとき、私の友達の両親が離婚したんですが、その結果、彼女と母親、お兄さんと父親が、離れ離れに暮らすようになったんです。

　それまでの楽しかった家族の思い出があるからこそ、友達は、何かにつけてそれを思い出して、ものすごく辛《つら》そうでした。でも、私には最初からそんな思い出がないから、その意味では平気だったんです。

　ただ、私が成人式を迎えたとき、ここまで父親のことを何も知らないのは、一種の欠陥なんじゃないかと思うようになったんです。父がいなければ私はこの世に存在しなかったのに、自分の遺伝的由来を知らなくていいのか。もし将来好きな人ができて、その人と結婚を考えたときに、父の情報を何も知らなくていいのか。それが心配になってきたんです。

マスター　そうだったのか……。

　そのこと、お母さんには話していないの？

アイ　話していません。中学生の頃、母に父のことを聞いたとき、「お父さんは死んだものと思っててちょうだい」って悲しそうな顔で言われてから、何も聞けなくなって……。

マスター　それは難しい問題だと思うけど、アイちゃんの気持ちに正直になればいいんじゃないかな。もう成人した大人なんだし、知りたいと思うんだったら、お父さんのことを探せばいいと思うよ。

アイ　でも、父を探して会いたいのかというと、そうでもないんです。それよりも、父がどんな顔で、どんな性格で、どんな考え方をする人なのか、自分の中のどの部分が父に由来するのか、それを確かめたいんです。

マスター　とはいえ、離婚から二十年以上経っているんだよね？　もしかしたらお父さんは新しい家庭を築いているかもしれないし、どこか遠い外国にいるかもしれないし、あるいは刑務所に入っているのかもしれない。どんな事情があったとしても、それに耐えられるだけの覚悟が必要だとは思うけどね。

先生、どう思われますか？

■遺伝的由来

名誉教授　現実にどのような行動を取るかについては、もちろん本人が判断すべきプライベートな事案だろう。ただ、もし遺伝的由来という点を気にしているんだったら、そこにはあまり拘《こだわ》る必要がないと思うがね。

一般に、人は自分の父親と母親の遺伝子には拘るが、祖父母になると、そうでもないだろう？　曾《そう》祖父母は見たこともない人も多いだろうし、曾々祖父母になると、どんな人間だったのか、まったく知りもしないだろう？

マスター　そう言われてみると、ボクも祖父母のことまでしか知りませんね。曾祖父母の話は、ちょっとだけ聞いたことがあったような気がしますが……。

名誉教授　そもそもヒトの遺伝子は、受精卵の時点でランダムにかき混ぜられたうえ、子どもには二分の一しか伝わらないからね。この割合は、孫に四分の一、曾孫《ひまご》に八分の一というように倍々に薄まっていく。

あるヒトから五世代後になると、そのヒトの遺伝子と重なるのは三十二分の一にすぎなくなるから、もはや「似ている」とか「似ていない」といった共通点や類似点を見極めることさえ困難になる。

マスター　それは衝撃！　ボクは、子どもができたら「自分の遺伝子」を引き継いでくれるとばかり思っていましたが、伝わるのは自分の遺伝子の二分の一、孫になると四分の一、その先も、どんどん薄まっていくばかりとは……。

名誉教授　特定の個人を形成する遺伝子の集合は、崩れ去る運命にあるんだよ。したがって、特別に直前の父と母の遺伝子に拘る必要があるのか、という問題になる。

逆に言うと、君が今ここに存在するためには、君の父母が存在し、祖父母と曾祖父母が存在し、もっと遡《さかのぼ》れば、江戸時代にも平安時代にも、奈良時代にも縄文時代にも、必然的に先祖が存在しなければならなかったわけだ。

マスター　なんかロマンティックですね。ボクの平安時代の先祖は、やはり恋の和歌を詠み合ったのかな……。

名誉教授　そこで論理的に明らかなのは、もし君の直系の先祖のカップルが一組でも破局して子どもを作らなかったら、現在の君は存在しないということだ。

　つまり、脈々と続く君の先祖の系列は、ホモ・ハビリスからアウストラロピテクス、さらに約四百四十万年前のラミダス猿人まで遡ることもできるが、そのうちの一組のカップルでも欠けていたら、今の君は存在しない。

アイ　もしかすると私は、すごく小さいことに拘っていたのかもしれないということでしょうか？

名誉教授　それが「小さい」ことかどうかは、君自身が判断すべき問題だがね。

　一方、アリの一匹といえども、四十億年前に誕生した地球の最初の生命体まで系列を遡ることができるはずだから、その意味では、君と同等だ。

　つまり生命は、先祖がなければ存在しないにもかかわらず、その先祖との遺伝的関係は、未来にわたって崩れていく運命にあるわけだ。

アイ　不思議ですね……。

名誉教授　生物学的には、ヒトとチンパンジーの遺伝子は九九パーセントが一致する。その意味からすると、「人類皆兄弟」という感覚も、必ずしも極端ではない。イエス・キリストの「汝の隣人を愛せよ」という発想も、まったくの「机上の空論」ではないかもしれないということだ。

ヒトの個体が生じる組み合わせを考えてみよう。ヒトの女性の卵子に含まれる染色体は二十三本だが、遺伝的には、その各々に父方か母方の染色体が入るので、その組み合わせは二の二十三乗で約八百四十万通りになる。これを本人の染色体四十六本から二十三本へ減らす「減数分裂」と呼ぶんだが、その分裂の間には父方と母方の染色体の一部が組み代わる「交差」が生じるため、実際のDNAの組み合わせは、さらに増える。

この膨大な組み合わせから生じた卵子の二十三本に、同じく膨大な組み合わせから生じた精子の二十三本の染色体が合体して受精卵の四十六本の新たなDNAを形成するのだから、もはやその組み合わせの可能性は、十の六百乗以上と推定される計り知れない数値になる。

このような組み合わせを経て生まれてきたヒトの個体は、この宇宙で他に類を見ない「唯一無二」の存在と言える。つまり、君たち一人一人は、地球最古の生命体から進化して、十の六百乗分の一の組み合わせで生じた、他に類を見ない人間だということになる。

マスター　ということは、アイちゃんが今ここに存在すること自体が、何度も続けて宝くじに当たったくらいの「奇跡」なのだから、必ずしも直前の父親の遺伝子に拘る必要はないということでしょうか……。

アイ　私が本当に大切にしなければならないのは、去っていった父親ではなくて、本当に私を愛して育ててくれた母親ということかもしれませんね。

ずっと胸につかえていたことを話せて、すごく楽になりました。

マスター　先生、叔父が置いていった秘蔵のブランデーを出しましょう！

名誉教授　なんと、これは、レミーマルタンの「ルイ十三世」じゃないか！

マスター　叔父が自慢していましたが、四十年以上の熟成期間を経た千二百種の「オー・ド・ヴィー」と呼ばれる原酒がブレンドされているそうですよ。アイちゃんも飲んでごらん。

アイ　ありがとうございます。いただきます。

名誉教授　それでは、世界の若者の未来に乾杯しよう！

一同　乾杯！

第二夜　「服従愛」と「名誉殺人」〈文化人類学的アプローチ〉

マスター　いらっしゃいませ。

名誉教授　今日は図書館に行って、ケヤキ並木を散歩してきたんだが、新緑の若葉は瑞々《みずみず》しいね。その緑色を背景に、黄色いタンポポが咲いていて、実に鮮やかなコントラストだった。

ミントを効かせたモヒートを頼むよ。

マスター　かしこまりました。

ちょうど今、先生の噂話をしていたところなんですよ。こちらが以前お話ししたボクの先輩です。アフリカから帰国したばかりだそうで……。

国連職員　先生、お久し振りです。きっと覚えていらっしゃらないでしょうが、私も大学時代に先生の授業を受けたことがあるんです。

「比較文化論」だったかな、先生が世界各地の「文化」や「思想」を論理的に分析して比較検討された授業ありましたよね。あれは刺激的でした。

その影響もあって、私は日本を飛び出して、海外で働いているんです。

名誉教授　そういえば、君の顔を覚えているような気がする。

いや、やはり覚えていないような気もするなあ……。

マスター あはははは、先生の授業は大人気で、受講者が何百人もいたから、すべての学生の顔は覚えられないでしょう。

名誉教授 つい先日、日本を代表する商社の社長と話したばかりなんだが、最近の新入社員は、海外勤務を希望しなくなったと嘆いていたよ。高度成長時代の日本の商社マンといえば、世界を股《また》にかけて活躍したものだが、最近の新入社員の第一希望勤務地は、どこだと思う？

なんと、ニューヨーク支店でもロンドン支店でもパリ支店でもなくて、東京本社だというんだからね。

国連職員 たしかに、最近の日本人は安定志向が強くなっているのか、海外勤務を嫌がる若者が増えてきた気がしますね。

私は最初にＩＬＯに所属して、その後、人権擁護部門に配属されたんですが、国際関係機関の日本人職員の比率も諸外国に比べて非常に低いですからね。

アイ 「ＩＬＯ」って、何でしたっけ？

国連職員 「インターナショナル・レイバー・オーガニゼーション（ILO: International Labor Organization）」つまり「国際労働機関」のこと。

ＷＨＯやユニセフやユネスコは、知っているよね？　それらと同じように、ＩＬＯは、雇用と労働の権利を守るための国連機関なんだ。

現在は、百八十七カ国が加入している。本部はジュネーブで、世界中に駐在所があって、正規職員が約二千人、技術職員が約千人いる。ところが、日本人職員は合計しても三十人余りしかいないという有様でね。日本は、アメリカに次いで、国連に資金提供しているにもかかわらずだよ。

マスター　しかし、「グローバル化」などと叫ばれていますが、ボクらからすれば別世界の話ですよ。

先輩のように、英語もフランス語も、スペイン語もアラビア語もペラペラだったら、話は違ってくるでしょうが……。

国連職員　実際に現地で生活していれば、誰でもペラペラになるものだよ。

まず日本から飛び出すことが先決。とにかく日本の若者は、海外旅行でもボランティアでもいいから、日本以外の世界で生活体験してみるべきだ！

アイ　私も海外、行ってみたいです！

名誉教授　たしかに「百聞は一見にしかず」だからね。日本の若者は、いつから国内の引き籠《こも》りばかりになってしまったのか……。
　ところで君は、ずっとアフリカに勤務しているのかね？

国連職員　最初の勤務地はトロント、次にイスタンブールに移って、現在はケニア駐在所にいます。

名誉教授　トロント大学には、国際会議で行ったよ。実に賑《にぎ》やかな街だった。

国連職員　「トロント」の語源は「人の集まる場所」ですからね。世界各地から移民が集まってきて、今ではカナダで最大人口の都市になっています。
　街を歩いていると、英語はもちろん、フランス語やアラビア語、スペイン語や中国語、さらにそれらの混合したさまざまな言語が耳に入ってきます。

名誉教授　トロントで食べた「ビーバー・テール」は旨《うま》かったなあ……。

国連職員　あれは、トロントというか、カナダ名物ですね。

アイ　何ですか、その「ビーバー・テール」って。ビーバーの尻尾《しっぽ》？

国連職員　そうそう。ビーバーの尻尾みたいな形の揚げ菓子。両手で抱えるくらい大きくて長くて、熱いんだ。カナダの冬は厳しいからね。雪が降って、寒くて凍えそうな公園で、温かいビーバー・テールを抱えて食べるのが美味《おい》しいんだよ。メープル・シロップとシナモンがたっぷりかかっていて……。

アイ　美味しそう！　食べてみたいなあ。

マスター　いや、それは甘すぎでしょう。ボクは冬だったら、温かいおでんと熱燗《あつかん》の方がいいんですが……。

国連職員　あははは、やはりお前は、日本にいる方が似合っているよ。

私は二〇〇七年にトロントに赴任したんですが、ちょうどビーバー・テールを食べていたときに携帯電話が鳴って部長から呼び出されて、殺人現場に行ったんですよ。これが自分の最初の仕事になったので、今でも忘れられません。

■トロントの殺人事件

マスター　殺人現場？　先輩は、そんな仕事にも関わっているんですか？

国連職員　もちろんだよ。人権侵害に関わる事件が起こったら、ボクらも警察や移民局と同じように、現場に直行する。

雪の降る十二月十日、十六歳の女子高校生が首を絞めて殺害された。その犯人が警察に自首したんだが、なんとそれは彼女の実の父親だったんだ。

この少女の一家は、パキスタンから約三年前に仕事を求めてカナダにやってきた移民でね。父親は、タクシー運転手になって一家を支えていた。この父親がイスラム教徒で、しかも戒律の厳しい原理主義宗派の信者だった。

彼は、『コーラン』の戒律を厳格に守って生きていて、女性が髪や肌を露出することも禁止していたから、当然のように自分の娘にも「ヒジャーブ」の着用を命じた。ほら、イスラム教徒の女性が身体中を覆う長いスカーフのことだよ。しかも彼は、娘が周囲に感化されることを嫌がって、門限を午後五時と決めていた。

アイ　思春期の女子高校生に、夕方五時の門限というのは……。

国連職員　酷だよね。最初は父親の命令を守っていた娘も、トロントの生活に慣れて、新しい文化に順応すればするほど、父親に反抗するようになった。

彼女は、一歩家を出るとヒジャーブを脱いで、他の女子高生と同じようにカジュアルな服装で出歩くようになった。友達と一緒にいたら、五時の門限など守ることはできないから、それを破ることも日常茶飯事となった。

父親は、毎日のように、遅く家に帰ってきた娘を叱って暴行を加え、顔や身体に傷のある少女の姿が、何度も同級生に目撃されている。そして、ついに父親は、実の娘の首を絞めて殺したんだ。
マスター　きっとその父親は、娘を叱っているうちに、カッとなって首を絞めてしまったんでしょうね。
国連職員　いやいや、それが、そうじゃないんだよ。
　この父親は、最初から明確な殺意を持って少女を殺した。だから、第一級予謀殺人罪で起訴されることになったんだがね。
　イスラム文化圏には、家族の名誉を汚した娘の殺害を正当化する「ジャリマ・アル・シャラフ」と呼ばれる慣習がある。日本語に訳すと「名誉殺人」という意味になるんだけど……。
マスター　「名誉」と「殺人」なんて、変な組み合わせですね。
国連職員　イスラム文化圏で、結婚前の恋愛や性交渉がタブーであることは知っているよね？　なかには、家族以外の男性と、二人だけで会話するか、視線を合わせただけでも、「シャルムータ」とみなされる地域があるんだ。
アイ　「シャルムータ」って、どういうことですか？
国連職員　「娼婦《しょうふ》」や「淫売《いんばい》」のような意味。ここで大問題なのは、このような地域では、その種の「噂」が生じただけでも、「ふしだらな娘」を処罰しなければ、家族全体が村八分にされてしまうということだ。

このような閉鎖的な地域で村八分にされたら、家族は井戸の水も飲めなくなるし、村の牧草地で飼っている羊も締め出されて、とても生きていけなくなる。そこで、家族の名誉を挽回《ばんかい》するために、家族の父や兄が、実の娘や妹を殺害しなければならなくなる。しかも、その方法が残虐であればあるほど、その殺害者は、家族の名誉を高く守った「英雄」として賞賛されるんだ。

この因習は、ヨルダン、イラン、イラク、イエメンなどの中東諸国ばかりでなく、トルコやアフガニスタン、モロッコやチャド、パキスタンやインドなどにも見られ、現在でも年間六千人以上の女性が犠牲になっていると推定されている。

マスター　殺害者が残虐であればあるほど「英雄」とは……。

ちょっと理解できない異様な発想ですね。それらの国々の刑法は、どうなっているんですか？

国連職員　たとえばヨルダンを例に取ると、窃盗や怨恨《えんこん》を理由とする殺人は刑法で禁じられているし、犯行者が死刑になる可能性も十分あるんだが、「名誉殺人」に限っては「寛大な判決」を下すという特例措置が設けられている。

これは『ヨルダン刑法』の第九十七条と第九十八条にも明記されていてね。一般に「名誉殺人」の実行者は、六カ月から二年程度の懲役刑を宣告されるが、それは形ばかりのことで、実際には刑期よりもずっと早く釈放されることが多いんだよ。

■イスラムと服従

マスター　「名誉殺人」が正当化されるのは、やはりイスラム教の影響ですか?

国連職員　もちろん、女性に厳格な行動を求めるイスラム教の影響があることはたしかだろう。

ただし、現在は、「名誉殺人」に批判的なイスラム教徒の方が圧倒的に多いんだよ。たとえば、イラク共和国大統領だったスンナ派のサダム・フセインも「名誉殺人」を認めなかったから、彼が独裁政権で統治していた時代、イラクには「名誉殺人」はなかった。

ところが、イラク戦争で拘束されたフセインが処刑されて以来、旧来のイスラム原理主義運動が復活して、再びイラクで「名誉殺人」が増加するという悪循環が起こっている。

名誉教授　そもそも「イスラム」という言葉が「服従」を意味することを知っているか

ね？ イスラム教とは、何よりも第一に、唯一神「アラー」への「絶対的服従」を誓う宗教なんだよ。
その「アラー」というのも、固有名詞ではなく、アラビア語で「神」一般を意味する抽象名詞で、実際にはアラーは「ヤハウェ」を指すから、その意味ではユダヤ教もキリスト教も同じ神を信仰していることになる。

アイ 同じ神ですって？ それなのに、信者同士は、どうしてあんなに仲が悪いんでしょうか？

国連職員 いやいや、国連には、ユダヤ教徒もキリスト教徒もイスラム教徒もいるけど、皆仲良く一緒に仕事をしていますよ。
世界を見渡せば、ユダヤ教徒は約千五百万人、キリスト教徒は約二十五億人、イスラム教徒は約十八億人もいるんだから、憎み合ったり殺し合ったりしているのは、全体からすれば、一握りの急進派や過激派にすぎないんだがね。

名誉教授 アジアでは、ヒンズー教徒が約十億人、仏教徒が約五億人と推定されているが、それらの信者数に比べても、「砂漠の一神教」と呼ばれるユダヤ教・キリスト教・イスラム教の信者数が、合わせて四十三億人を超える圧倒的多数だということはわかるだろう。

その「砂漠の一神教」の中で、イスラム教は最も新しい宗教で、紀元六一〇年、現在のサウジアラビアのメッカ郊外の土地で、預言者モハメッドが神の啓示を受けて、神の言葉を人々に告げたことに始まった。

『新約聖書』の福音書は、キリストの死後、何年も経ってから彼の言葉が弟子たちによって書き留められたものだから、後にいろいろな解釈や論争も生じている。

しかし、モハメッドは、神憑《が》《か》りのトランス状態で、神の「お告げ」をそのまま喋《しゃべ》ったというのだから、その言葉を書き留めた『コーラン』は、『聖書』とは言葉の重みが違うとみなされているわけだ。

マスター　その種の「お告げ」の話を聞くと思い出すのが、手品師のハリー・フーディーニが、霊媒師のインチキを見破ったことです。この霊媒師は、トランス状態になって、フーディーニの母親の霊が乗り移ったといって、声をふりしぼってフーディーニに話しかけたんですが、そこでフーディーニは大笑いして、「ボクの母が、そんな立派な英語を喋るはずがない。彼女は、イディッシュ語しか話せないんだから」と言ったという話です。

アイ　うふふふ、その話、おもしろいですね。

マスター　もしモハメッドがトランス状態でアラビア語を喋ったとすると、神もアラビア語を喋るということですか？

名誉教授 それこそが、遥《はる》か昔から学者たちが議論を重ねてきた点でね。イスラム教の律法学者によれば、まさに神はアラビア語を話し、神がアラビア語を人間に与えたことになっている。そうでなければ、論理的に矛盾が生じるからだろうが……。

したがって、イスラム教の中でも厳密性を重んじる宗派では、『コーラン』を他国語に翻訳することさえ禁じているくらいだよ。彼らによれば、真のイスラム教徒になるためには、まず神の言語としてのアラビア語を習得しなければならないことになる。

アイ その『コーラン』に、男女差別があるんですか？

名誉教授 男女の役割を明確に分けていることは、事実だね。

たとえば『コーラン』第四章第三十四節に、「アラーは、本来的に男と女との間に優劣をおつけになった。生活するために必要な金は男が出すのだから、この点で男の方が女の上に立つべき者であることは明らかである。アラーの守護の下、夫の不在中に貞節な女はひたすら従順に家庭を守らなければならない。夫は、不忠実あるいは不行跡の心配のある女たちにはこれを諭し、それでも聞かなければ置き去りにし、それでも聞かなければこの女を打て」とある。

マスター　「男の方が女の上に立つべき者」とか「貞節な女はひたすら従順に家庭を守らなければならない」と言われると、明治時代の日本を思い出しますね。

言うことを聞かなければ「女を打て」なんて、現代の日本で言ったら大変なことになるでしょうが……。

名誉教授　さらに『コーラン』第二十四章第三十一節には「信者の女は、慎み深く目を下げて、貞操を守り、胸にはベールを掛けて、美しい部分を自分の夫か家族以外に見せてはならない」とある。

この「美しい部分」の解釈がイスラム教の宗派によって異なるわけだ。最も厳格な宗派では、女性は頭の先から足の爪先《つまさき》まで身体中をベールで被《おお》わなければならないし、最も開放的な宗派では、我々と同じような服装も許容される。

イスラム教徒は、毎日定められた時間に五回メッカの方角を向いて何度も床に平伏して礼拝を捧《ささ》げ、「ラマダーン」と呼ばれる断食月には、日が出ている間は食事を控えなければならない。アルコールやギャンブルを全面的に禁止する宗派が多く、性的関係にも非常に制約が多い。

悪人は死後に地獄で苦しめられ、善人は天国で報酬を受けるという点は、ユダヤ教やキリスト教と同じだが、とくに現世での「快楽」を非常に厳しく制限するのが、イスラム教の一般的な特徴といえる。

つまり、イスラム教には、神の命令に絶対的に「服従」するという概念が、非常に強く反映されているわけだ。彼らは、それこそが神への「愛」だと信じている。いわば「服従愛」だね。

国連職員　イスラム教徒と話していると、「日本の武士道がすばらしい」と言ってくるんですよ。日本の武士は、主君の命令に絶対的に「服従」し、戦時には命を捨てて戦う。

とくに、何か問題が起こると、自分の腹を切って家の名誉を守る「切腹」が立派だと言うわけです。彼らと話していて実感するのは、人間の私利私欲や個性を捨てた「服従」を非常な美徳とみなす点ですね。

名誉教授　組織論的に言えば、ヨーロッパやアメリカの「個人主義」文化に対して、日本やアラブ諸国の「集団主義」文化では、「個性」を捨てて集団へ「服従」する志向性が強いとみなされる。その根本的な原因がどこにあるのか、考えてみる必要があるだろうね。

■『生きながら火に焼かれて』

国連職員　私は、トロントで三年過ごして、二〇一一年にイスタンブールの人権擁護部門に移ったんですが、そこで「名誉殺人」のスアド事件を世界中に訴えた伝説の英雄ジャックリーヌに会ったんですよ！

名誉教授　スアド事件だったら、私も知っているよ。彼女たちは、今も命を狙われているのかね？

国連職員　いろいろな原理主義宗派の刺客に狙われていますから、生きている間はずっと素性を隠していかなければならないでしょう。もちろん「スアド」も「ジャックリーヌ」も偽名ですが……。

アイ　なんだか、映画みたいな話ですね！

国連職員　二〇一四年に史上最年少の十七歳でノーベル平和賞を受賞したマララ・ユスフザイのことは聞いたことがあるだろう？　彼女は、二〇一七年四月、ニューヨークの国連本部で「国連平和大使」に任命された。

マララが十五歳のとき、パキスタン北部をイスラム原理主義組織「タリバン」が制圧し、女性が教育を受けることを禁止していた。それでもマララは通学を止めなかったところ、激怒した信者がスクールバスに乗っていたマララを銃撃した。彼女は、頭と首に二発の銃弾を受けたが、奇跡的に回復した。

アイ　女性が、「教育を受けたい」とか「学校に行きたい」というだけで、銃撃される国や地域があるなんて、本当に信じられないですね。

国連職員　スアド事件については、フランス語から日本語に翻訳された『生きながら火に焼かれて』という本がある。

スアドという女性が、シスヨルダンの小さな村に生まれた。彼女が十七歳のとき、彼女を見初めて恋したファイエッという男性が、村の習慣に従ってスアドの父親に結婚を申し込んだ。スアドの父親は、二人の結婚を承諾はしたが、スアドの姉の婚礼が先だからと言って、二人に婚礼の儀式を待つように言った。

ところが、ファイエッは我慢できずに、スアドと隠れて会った。スアドは、ファイエッに求められて、牧草地等で三回の性行為を行い、彼女は妊娠した。スアドがそのことをファイエッに告げると、彼はスアドの父親や家族の怒りを怖れて震え上がり、村から逃げ去ってしまったんだ。

婚礼の儀式の前に妊娠などという「恥さらし」なことは、村では絶対に許されない。その点は、スアドもよく知っているから、彼女は何度も自分の腹を石で叩《たた》いて流産させようとしたが、お腹は大きくなる一方だった。五カ月目に入った頃、もはや妊娠は隠し切れなくなった。彼女の家族は、スアドを家に閉じ込めて話し合い、義兄がスアドに「名誉殺人」を施すことになった。

決行の日、彼は、突然スアドのいた中庭に入って行って、彼女の頭からガソリンのような油を浴びせかけて、火を付けた。彼女の髪が焼け、上半身を炎が覆った。彼女は、本能的に家を飛び出して泉の水を浴びた。それで火は消えたが、彼女の顎《あご》の皮膚は溶けて胸の上の皮膚と癒着し、両耳はほとんど形がなくなるほどの火傷《やけど》を負った。

死の直前だったスアドは、奇跡的にヨルダンの病院に担ぎ込まれた。だが、その病院では、そこまで重症の全身火傷の治療は無理だから、医師たちは治療を諦《あきら》めていた。彼女は、病院でも放って置かれて、ただ死を待っている状態だった。ジャックリーヌがスアドに会ったとき、彼女の姿は、次のようなものだった。

「火傷を負った皮膚は化膿《かのう》して血がにじんでいる。あごが胸の上にくっついたままなので、常にお祈りをしているような姿勢を強いられている。腕を動かすこともできない。灯油かガソリンか知らないが、とにかく、頭から何かを浴びせられ、炎は頭から首、耳、背中、腕、そして胸の上へと、スアドの肌を次々と焼いていったのだ。病院に運ばれるあいだ、スアドはおそらくミイラのように体を丸めていたのだろう。二週間経った今でも同じ姿勢のままだ」

アイ　なんて残酷なのかしら……。

国連職員　彼女はほとんど昏睡《こんすい》状態の中で、奇跡的に、男の子を出産した。約七カ月の早産だったが、この児は無事でマルアンと名付けられた。

しばらくすると、スアドの母親が病院に見舞いに来た。母親はスアドの姿を見て泣き出した。次に彼女は、コップに薬を注いで、「家族の名誉のために、これを一息に飲みなさい」と言った。顔もあげられないスアドが、その命令に従って飲もうとした瞬間、医師が部屋に入ってきて、そのコップを払い除《の》けた。この母親は、自分の娘に毒薬を飲ませて、殺そうとしたんだ！

アイ　母親まで、そんなことをするなんて……。

国連職員　その事件を知ったジャックリーヌは、二度とスアドを家族の下に返さないこと、彼女をヨーロッパに連れて行って治療を受けさせることを誓ったそうだ。

ジャックリーヌは、スアドの父親と話し合って合意させ、ヨルダン政府と交渉してスアドの脱出費用を確保した。そして彼女は、数多くの試練と難関を通り抜けて、スアドとマルアンをスイスに脱出させた。

その後、スアドは、何カ月もかけて、無事だった両脚から合計二十四回の皮膚移植手術を受けて、通常の生活ができるようになった。現在はフランスで生活しているらしいよ。

アイ　ジャックリーヌって、勇気があってすごい女性ですね！

■ヨルダンの女性

国連職員　「名誉殺人」は、日本では、あまりにも遠い異文化圏の話に聞こえるかもしれないが、現在の地球上で当然のように行われている事実なんだよ。

スアドは、自分の生まれ育った村について、次のように話している。

「女の子には学校に通う権利はない。そもそも、権利と呼べるものなど何ひとつない。ひとりで歩く自由さえ与えられない。その村では女の子として生を享《う》けること自体が不幸なことなのだ。男たちが勝手に定め、盲目的に守りつづけてきた法に従い、朝から晩まで家事、畑仕事、家畜の世話を奴隷のように黙々とこなし、十代の後半にさしかかる頃には親の決めた相手と結婚し、夫となった者に服従しながら男の子を産まなくてはならない。女の子ばかり産んでいると夫から捨てられる。娘は二、三人はいてもいいが、それ以上は必要ない」

この村では、人間の女の子一人と牛一頭を比較すると、誰もが「例外なく牛を選ぶ」というほど、人間の女性に価値がない。スアドの母親は、「私には十四人子供がいるけれど、生きているのは七人」と口癖のように言っているが、それは、彼女が七人の女の子を始末してきたからだった。

マスター　ちょっと、想像を絶する世界ですね……。

国連職員　スアドは幼い頃、次のような光景を目撃したそうだ。

「母は床に羊の皮を敷いて横になり、出産している最中だった。……母の叫び声に続いて赤ん坊の泣き声が聞こえたかと思うと、母はすぐさま上体を起こしてひざまずき、生まれたばかりの赤ん坊に羊の皮を押しつけた。赤ん坊が体をばたつかせるのが見えた。しかし、すぐに動きは止まった」

「母が出産と同時に窒息死させたのは女の赤ん坊だった。一度だけではない、二度目のときにも私はその現場にいた。……これは、ある意味認められていることで、騒ぎたてる者は、この村には誰もいない。私自身でさえ恐ろしい思いはしたものの、初めて見たときには、それが問題になることだと思わなかった。母のお腹がふくらんで、ある日、突然ぺちゃんこになっても誰も何も訊《たず》ねない」

現在も、アラブ社会特有の「絶対的家父長制度」と「男尊女卑」の因習が脈々と続く地域では、子どもに命を与えるのが両親である以上、その命を奪う権利も当然両親に与えられているとみなされているんだよ。

マスター　悲惨だなあ。本当に地獄のような世界の話ですね。

国連職員　ヨルダンでの婚礼の儀式は一日続くんだが、その翌日の朝、村人は全員がゾロゾロと新婚夫婦の家を見に行く。そこに新郎が現れて、血痕《けっこん》の付いた初夜のシーツを吊《つ》るして皆に見せなければならない。それが、新妻が処女であった証拠となるわけだ。そのシーツを見ると、男たちは口笛を吹き、女たちは歓喜の声を上げて祝福する。

もしその儀式が行われなければ、その新妻は処女ではなかったことを意味する。もちろん新妻は、それが判明した時点で殺されているから、二度と村人の前に姿を現すことはない。

「村ではどの家庭でも、娘や女たちは毎日のように男たちに叩かれていた。これが村の男たちの法則なのだ。いつも、どこからともなく女たちの叫び声が聞こえてくる。叩かれ、髪の毛を剃られ、厩の柵に縛りつけられることは当たり前のこと。それ以外に生きていく術《すべ》はなかった」

マスター 二十一世紀の現代に、そんな世界が存在するなんて……。

国連職員 そんな村から、スイスに行ったスアドは、強烈なカルチャーショックに襲われた。

スイスの病院に到着した日、若い看護師が、化粧をして髪もきれいに整え、短いスカートをはいて、男性と普通に話していた。スアドは、首を切り落とす仕草をしながら、ジャックリーヌに「あそこの女性を見て、男の人と話してる。殺されてしまうわ」と言ったそうだ。

「とんでもない、彼らはスイスで生きているのよ。あなたの生まれた村とは違うの。首を切り落とすなんて、とんでもない。男と女が話をするのは、いたって普通のことなのよ」

「でも、あの女性は脚も見せてるわよ。脚を出して歩くなんて普通じゃないわ」

「とんでもない、これも普通のことよ。彼女はただ仕事着を着ているだけ」

「じゃあ、彼女の目は？ 目にお化粧するなんて問題じゃないの？」

「ここでは女性はお化粧するのが普通なの。外出もするし、恋人を持つ権利もあるわ。でも、確かに、あなたの村では禁じられていたわね。ここは、あなたの村じゃないの。あなたは今、スイスという国にいるのよ」

マスター　その会話を聞くだけでも、どれだけ生まれ育った環境が、人間の思考や行動を規定してしまうのかがわかりますね。

■内政不干渉と人道的干渉

国連職員　人類の大部分の歴史において、女性は虐げられてきた。欧米でさえ、女性の参政権が認められたのは十九世紀から二十世紀にかけてだし、世界中の多くの文化圏に共通して、女性は家や夫に従属する扱いを受け、社会に進出することもできなかった。

現在の先進国では、女性も男性と平等に大学に進学し、男性と対等に働くことができるようになってきたが、それは世界の中から見れば、ほんの一部の話でね。想像することさえできないような、もっともっと悲惨な状況で虐げられている数えきれないほど多くの女性や子どもたちが、世界各地で苦しんでいるんだよ。

たとえば、現在もアフリカ中央部に位置する二十八カ国やインドネシアのイスラム系住民の間では、女性の性欲を害悪とみなすことから「女性器切除（FGM: Female Genital

Mutilation)」が行われている。キルギスでは男性が気に入った女性を略奪して結婚する「誘拐結婚」が行われ、見知らぬ相手に女性が嫁がされる「人身売買」に近い因習も中東やアフリカの各地に残っている。

もちろん、先進国にも「ドメスティック・バイオレンス(DV: Domestic Violence)」や「児童虐待」のような陰惨な問題が潜在しているんだが……。

アイ 就職活動していると、現在の日本でも、表に出てこない男女格差を感じることが多いんですが、ヨルダンなどの話を伺うと、次元の違う悲惨な差別ですよね。

国連職員 私たちも、もっと人権擁護問題として介入できればいいんだけど、私が所属している機関は、国連憲章に縛られて、手を出せないことが多くてね。

名誉教授 国際連合は、すべての加盟国に対する「内政不干渉」を掲げているからね。この概念は、『国際連合憲章』第一章第二条第七項に定義されている。

「この憲章のいかなる規定も、本質上いずれかの国の国内管轄権内にある事項に干渉する権限を国際連合に与えるものではなく、また、その事項をこの憲章に基く解決に付託することを加盟国に要求するものでもない。但し、この原則は、第七章に基く強制措置の適用を妨げるものではない」

マスター　その例外になっている「第七章」とは何ですか？

名誉教授　「平和に対する脅威、平和の破壊及び侵略行為に関する行動」だ。つまり、国際平和に脅威をもたらす国や地域に対しては、軍事行動を含む「強制措置」を認めているわけだが、それ以外については介入しないという規定といえる。

国連職員　私の扱ったトロントの「名誉殺人」事件では、西洋と中東の「文化的対立」が家族に引き起こした悲劇として、大きく報道されました。

すでにカナダは百十五万人を超えるイスラム教徒を抱えているから、今後も、移民一世と二世の文化的認識の相違が、根深い問題となるに違いありません。

名誉教授　一般に「文化」という言葉は、ある集団により共有され、世代間で継承される生活様式全般を指す。この生活様式には、伝統・慣習・言語・道具・衣食住形態・宗教・政治・作品などが含まれ、さらにその生活様式から導かれる行動パターン・価値観・倫理観なども含むものとする。ここまで含めた広義の文化は、「人が生まれてから学習したすべての生活様式」といえるかもしれない。

第二次大戦前は、「自文化中心主義」が主流だった。つまり、自民族の自文化が何よりも優れているのだから、他文化圏を植民地支配して、自文化に「同化」させるべきだという考え方が当然のように信奉されていたわけでね。

その反動からか、戦後になると、いかなる文化も、それぞれが独自に環境に適応して歴史的に築き上げた成果であり、異なる文化を批判することも優劣を論じることもできないという「文化相対主義」の考え方が主流になった。それを重視するのが、国連憲章にも登場する「自決の原則の尊重」だ。

マスター　要するに、ヨルダンの人々には彼ら特有の文化があるのだから、それを尊重しなければならないし、それに外部から干渉はできないという立場ですよね。

国連職員　そうなんだ。ジャックリーヌは、スイスの民間人権保護組織「シュルジール」のメンバーで、彼らは虐待されている女性と子どもを救出することを最優先目標にしているから、行動指針が明確といえる。

ところが、私の所属する国連の人権擁護部門では、多くの虐待の報告を受けても、黙って指をくわえて見ていることしかできない。それが悔しくてね。

マスター　先輩は、血気盛んだからなあ……。

国連職員　誰にも話していないことなんだが、実は「シュルジール」から、メンバーにならないかと誘われているんだよ。

人権侵害に対して、「人道的干渉」を掲げて徹底的に戦う組織だから、働き甲斐《がい》があることはたしかだ。しかし、今以上に命懸けの仕事になるし、場合によっては、日本にも帰って来れないかもしれない。そのことで悩んでいてね……。

マスター 先輩は、すごいですよ! ボクには、とても真似できません。

アイ ものすごく立派なお仕事だとは思いますが、日本に帰って来れなくなるなんて、大変すぎませんか? 命も狙われるなんて……。

先生、どう思われますか?

名誉教授 君には、君のことを愛している人がいるかね?

国連職員 えっ、それはいますよ。家族は、両親と姉も健在ですし、日本にも海外にも友人がたくさんいます。時々しか会えないけど、大学時代から交際している彼女もいます。

名誉教授 それだったら、独りで悩んでいないで、何よりも君のことを愛してくれる人たちに相談することだね。

君が、世界各地で虐げられている女性や子どもを救おうとする気持ちは、崇高ですばらしいものだ。しかし、現実問題として、君が命を狙われるような組織のメンバーになることや、君と二度と会えなくなる可能性のあることが、君のことを愛する人たちにとって、どのような意味があるのか、考えたことはあるかね？

国連職員　たしかに、おっしゃるとおりですね……。

私は、誰にも相談しないで自分だけで決断しようと思っていたんですが、それは身勝手なことなのかもしれません。私自身、一人で生きているのではなくて、私のことを育てて心配してくれる家族や友人もいるんだから……。

もう一度、よく考えてみます。

マスター　さすがはボクの先輩、誇りに思います。先生、今日は叔父《おじ》が置いていった秘蔵の日本酒を出しましょう！

名誉教授　これは、「出羽桜《でわざくら》」の大吟醸じゃないか！

マスター　三十年間、氷点下で熟成した清酒です。先輩、世界のどこに行ったとしても、日本の味は忘れないでくださいよ。

名誉教授　それでは、虐げられし人々のために戦っている世界の勇者に乾杯しよう！

一同　乾杯！

第三夜　「動物愛」と「子猫殺し」〈芸術学的アプローチ〉

マスター　いらっしゃいませ。
名誉教授　こんばんは。今日は、雨だね。昨日も一昨日《おととい》も、雨だった。
マスター　梅雨ですからね、先生。ボクはこの季節、どうも気が滅入ってきて、苦手だなあ……。
アイ　でも、色とりどりのアジサイが綺麗ですよ！
名誉教授　私も、雨自体は嫌いじゃないね。外で雨が降っていると、落ち着いて研究も捗《はかど》るというものだ。とはいえ、湿度が高すぎるのも困りものだがね。
グラスの塩多めでマルゲリータを頼むよ。
マスター　かしこまりました。
画家　ポリネシアの雨季も長いですが、小雨が降り続くというよりも、ざっとスコールが降って、あとはカラリと晴れ上がり、またスコールが来るという繰り返しですね……。
マスター　こちら、国連職員さんの紹介でいらした画家さんです。
ポール・ゴーギャンに憧《あこが》れてタヒチにお住まいで、そこで絵を描いていらっしゃるそうですよ。
名誉教授　タヒチですか！　私はパペーテに一週間ほど滞在したことがありますが、あの美しいビーチは忘れられませんね。

画家　パペーテは、ポリネシアでも有数のリゾートですからな。一年中、恋するカップルたちで一杯ですよ。

　もしかして先生も、恋する女性と一緒にいらしたのですかな？

名誉教授　あははは、それは秘密ですがね……。

　イギリスの探検家ジェームズ・クックが、一七六九年に金星の太陽面通過を観測したことで知られるビーナス岬からの眺めは、絶景でした。海は透き通って、海底まで見渡せる美しさ。その周囲の黒砂の浜辺を散歩したものです。夜になると満天の星が輝いて、天の川がクッキリ浮かび上がって見えましたよ。

　いたるところに、ココナッツの木が生えていましたね。朝食に出てきた「ポワソン・クリュ」は、忘れられませんね。新鮮なマグロの赤身にココナッツ・ミルクを和《あ》えて、レモンと塩を加えただけの単純なマリネなのに、すばらしい味だった。

アイ　行ってみたいなあ、タヒチ……。

マスター　画家さんは「タヒチの風景」という個展を銀座で開催されているから、一緒に観に行こうよ。

我々は、せめて絵画を拝見して、夕ヒチの気分を味わわせていただきますよ。

画家　それはどうも……。招待券を差し上げますよ。

今回は、その個展もあるのですが、家内の三周忌で帰国したんです。長年連れ添った家内でした。美大時代からの付き合いでしたが、家内が外に働きに出てくれたので、私は自由に絵を描くことができた。今の私があるのは、家内のおかげですよ。私にとって、天使のような女性でした。

といっても、外見は天使というよりは、丸々と太って、真っ黒に日焼けして、元気一杯にしか見えませんでしたがね。そのおかげで、病気を軽く見てしまったんです。もっと早く精密検査を受ければよかったのに、詳しい病状がわかったときには、すでに手遅れでした。たった三カ月入院したと思ったら、あっけなく逝ってしまった……。

名誉教授　それはお気の毒です。お悔み申し上げます。

画家　葬儀を終えて独りきりになって、途方に暮れました。私は、絵を描くしか能のない人間で、それ以外の生活面は、何もかもすべて家内に任せっきりでしたから……。

私たちには、子どももいません。家内は欲しがっていたのですが、私は仕事に専念したかったので、結局、作らなかった。この点も、家内には、申し訳ないことをしたと思っています。

　家内のいなくなった家は、まるで火が消えたようでね。私は、朝から酒に浸って、タヒチの家は荒れ放題になってしまった。

マスター　それで、今はどうやって生活されているんですか？

画家　昨年から、現地のマオリー族の女性と一緒に暮らしています。もともと私の絵のモデルだった若い娘ですがね。

　彼女が、買い物に料理、掃除に洗濯と家事一切をやってくれるので、私は再び絵を描けるようになりました。

■ゴッホとゴーギャン

マスター　まさに、ゴーギャンと同じような人生を歩んでいらっしゃるんですね。

アイ　昨年の春、絵の好きな友達と「ゴッホとゴーギャン展」を観に行ったんですが、私は、ゴッホよりもゴーギャンの絵の方に惹《ひ》かれました。

　すごく色彩がカラフルで、描かれている人物がクッキリ浮かび上がっていました。それなのに、どの人物も静止しているみたいで、その奥底に不思議な活力があって……。

画家　なかなか興味深い観察眼ですな。

　ゴーギャンの絵は、濃い輪郭線で対象を区別する「クロワゾニスム」と呼ばれるポスト印象派のフォルムでしてね。もともと「クロワゾネ」というのは、金や銀の金属板に金属線を貼り付けて輪郭を描き、その枠内をエナメルで埋めて装飾する手法のことです。日本の陶芸では「有線七宝」がそうですな。

　ゴッホもゴーギャンも、日本の浮世絵の影響を強く受けているんですよ。彼らは、写実派の遠近法や印象派の色彩グラデーションを拒否して、オリジナルの作風を生み出そうとした。

アイ　ゴッホの絵は色彩が激しすぎて、観ているうちに頭がクラクラしてきました。すごく強烈な個性ですよね。

画家　ゴッホとゴーギャンは、手紙でお互いの芸術論を交わしているうちに意気投合して、アルルで共同生活を始めました。ところが、たった二カ月で、ケンカ別れしています。

　最後の晩、ゴッホはカミソリを持って、ゴーギャンに襲いかかろうとしましたが、ゴーギャンが睨《にら》みつけると、逃げ去っていきます。

　その日の夜中、ゴッホは自分の左耳を根本から切り取って、水で血を洗い流してゴーギャン宛の封筒に入れ、門番に「私の形見だ」と手渡しました。
そしてゴッホは、精神科病院に入院させられたというわけです。

アイ　その話、聞くたびに、怖すぎるんですが……。

マスター　あれほどの天才二人が一緒に居たら、ボクらの普通の感覚では理解できないような衝突が起きるんでしょうね。

名誉教授　たしかに、ゴッホとゴーギャンといえば、二人ともエキセントリックな天才として知られているが、ゴーギャンの方は、世俗的な世界でも十分やっていける常識人の一面もあったんだよ。

そもそもゴーギャンは、パリ証券取引所の株式仲買人だったからね。彼は金融業者として成功を収め、デンマーク人の妻と五人の子どもをパリで養うことができるくらい裕福だった。余暇に描いていた絵画も売れていたから、十分に幸福な家庭生活を送っていたはずだ。

ところが、彼が三十四歳になった年、パリの株式市場が大暴落して、金融業界そのものが破綻《はたん》してしまった。人々は金のために奔走し、多くの自殺者まで出るような騒ぎに巻き込まれたゴーギャンは、株取引の仕事を止めて、絵画に専念することを決意した。

ゴーギャンは、妻子を妻の実家があるコペンハーゲンに移住させた。自分は、パリでカミーユ・ピサロに師事して、印象派の手法を学んだ。多くの画家とも交流し、ゴッホと共同生活したのが四十歳の頃だ。

一八九一年、四十二歳のゴーギャンは、ヨーロッパ文明の「人工的・因習的な何もかも」から脱出する必要性を感じて、単身でタヒチへ向かった。

■『ノア・ノア』

画家　ここにゴーギャンの書いたタヒチ紀行『ノア・ノア』があります。いつでも、肌身離さず持っているんですがね。

タヒチの密林に到着したゴーギャンは、「私は、あの牢獄のようなヨーロッパの家から、はるかに遠くきているのだ」と喜びの声を上げています。

そして彼はデッサンを始めますが、何日かすると、たった一人の孤独な生活に耐えきれなくなった。なにしろ彼は、それまでずっと都会の喧騒《けんそう》の中で生きてきた人物ですからな。

マスター　それで、どうしたんですか？

画家　彼は、女性を買いに行きました。当時、ヨーロッパやアメリカの征服者が植民地の女性を売買することは、珍しいことではありませんでしたからね。

　ゴーギャンが、現地の妻となるテフラと初めて出会う場面を読んでみましょうか。

「「お前はどこへ行く？」」四十位のきれいなマオリー女がきいた。

「イチアへ行く」

「何をしに？」

　この時私は、自分でもどんなことを考えたのかよくわからないのだが、わからないままに、私は、自分にとっても秘《ひそ》かな、しかしその旅行の目的をうち明けてしまったのである。

「女を一人見つけたいと思って」と答えた。

「イチアには、かわいい女がたくさんいる。一人でいいのか？」

「そうだ」

「もしよければ、一人お前さんにあげよう、それは私の娘だ」

「若いひとか？」

「そうだ」

「その人は丈夫な人か？」

「うん」

「じゃあいい、呼んできてくれ」

アイ　その「丈夫な人」って、どういう意味ですか？

画家　病気がないということですよ。当時の植民地で売春を繰り返す女性の間には、梅毒や淋病《りんびょう》のような性感染症が蔓延《まんえん》していましたからね。

「十五分もすると、野生のバナナ、えび、魚などマオリー風の食事が運ばれている間に、彼女は、手に小さな包みをもった背の高い若い娘を連れてはいってきた。ひどく透き通るバラ色の寒冷紗《かんれいしゃ》の下から、肩や腕の金色の肌が見えていた。そして、二つの乳房がその胸にぷっくりふくれ上って見えた。このかわいい顔は、私の今までこの島で見た顔とは少し違っていた。その髪は、並はずれてきれいで、まるで茨《いばら》のように生え、軽く縮れていた。これらの姿態が太陽の光に輝いて、まるでクロームの花束のようだった」

マスター　いやあ、美しい描写ですねえ……。

画家　このときテフラは、十三歳でした。

アイ　十三歳ですって?!

画家　現代の先進国では考えられないことですが、植民統治時代には、こんなことが平気で行われていたんですよ。

そしてゴーギャンは、十三歳の妻と、新たな生活を始めました。

「私はまた仕事を始めた。幸福が、私の小屋いっぱいにあふれていた。――幸福は、太陽と共に、太陽のように輝いて現われた。テフラの金色の顔は、小屋の中や周囲の景物を、喜びと輝きで満たしていた。しかも私たち二人は、お互いに実に単純だった。朝になって、まるで、天国でアダムとイヴが行なったように、二人一緒に、近くの川に水を浴びにゆくのは、どんなにたのしかったことか」

マスター　まさに天国！　画家さんは、そういう世界に、若い女性と一緒にいらっしゃるんですね！

■「子猫殺し」

画家　お断りしておきますが、私と一緒に暮らしている女性は十九歳ですから、日本でも法律違反にはならないはずですよ。

もちろん「天国」というのは比喩《ひゆ》でね。文明社会から考えたら、圧倒的に不便なところですよ。乾季は猛烈な暑さにやられますし、雨季にはスコールが何度も続いて、頭がおかしくなりそうになることもあります。高温多湿のジャングルのような地域ですから、冷蔵庫や洗濯機のような電気製品もすぐに壊れてしまうし……。
私が住んでいるのは、パペーテから車で一時間くらい山に登った奥地でしてね。野生のバナナやパパイヤ、ハイビスカスやブーゲンビリアのような植物が生い茂っている。その自然の創造美はすばらしいものですが、道らしい道もない場所ですから、四輪駆動のジープで走り回っていますよ。

マスター そんな奥地だったら、日本人と会うこともないでしょうね。

画家 それが、いるんですよ。というか、正確にはいたんですがね。
坂東眞砂子《ばんどうまさこ》さんという作家ですが、ご存知ですか？

名誉教授 その名前、聞き覚えがあるなあ。私の友人で日本物理学会会長だった坂東昌子《まさこ》さんと発音が同姓同名なので記憶に残っているんですが……。
そうそう、思い出した。「子猫殺し」で物議を醸した方でしたね！

画家 そうです。坂東さんは、日本の風俗に根ざした幻想的ホラー小説の作家として知られていました。一九九七年に『山妣《やまはは》』で直木賞を受賞、その翌々年に「日本社会の窮屈さから逃れたい」とタヒチに来て、私の家から三十分ほど山を下った土地に住みついて、執筆していました。

マスター　考えてみれば、現代はインターネットのメールで、どこからでも原稿を送ることができるから、作家は必ずしも日本にいる必要がないんですね。

画家　ところが、坂東さんも家内と同じ病気に罹《かか》ってしまいましてね。結局、日本の四国だったかな、彼女の故郷に戻って、カフェをプロデュースしていましたが、二〇一四年に亡くなりました。

アイ　その「子猫殺し」って、何ですか？

画家　まだ坂東さんが元気な頃の話でね。彼女は、タヒチの小屋に家庭菜園を作って、ほとんど完全に自給自足の生活を送っていました。

坂東さんは『日本経済新聞』にエッセイを連載していたんですが、その中の「子猫殺し」（二〇〇六年八月十八日号夕刊）という回で、彼女はタヒチで三匹のメス猫を飼っているが、子猫が生まれるたびに殺してきたことを告白したんです。

「こんなことを書いたら、どんなに糾弾されるかわかっている。……そんなこと承知で打ち明けるが、私は子猫を殺している。家の隣の崖《がけ》の下がちょうど空地になっているので、生まれ落ちるや、そこに放り投げるのである」とね。

アイ　どうして?!　どうして、そんな酷《ひど》いことをするんですか？

画家　彼女は、自分の飼い猫三匹に、避妊手術を施しませんでした。なぜなら、「獣の雌にとっての「生」とは、盛りのついた時にセックスして、子供を産むこと」であり、避妊手術が「その本質的な生を、人間の都合で奪いと」ると彼女が考えたからなんです。

マスター　なるほど。坂東さんの言いたい気持ちもわかる気がします。彼女は、飼い猫三匹を、本質的に自由に育てたい。つまり、ペットに避妊手術を施すのは、人間の勝手な都合であって、それが猫の「生」を脅かしていると考えるわけでしょう。

ボクの実家でも猫を飼っているんだけど、メス猫の発情期はすごいんだよね、ぎゃあぎゃあ鳴いて身体を摺《す》り寄せてきて。だから、動物病院に連れて行って、避妊手術してもらったんですが、卵巣も子宮も全部きれいに取り出すんですよ、その方が将来病気に罹りにくくなるからという獣医の勧めでね。

とはいえ、手術の終わった猫を連れて帰るとき、何か非常に悪いことしたような罪悪感を持った記憶があるんですよ。

アイ　でも、それで発情期のストレスがなくなるんだから、猫にとっても飼い主のためにも、よかったんじゃないですか？

マスター　それが猫にとって、本当の幸福なのかということが問題なんだろうけどね。もちろん、猫の幸福が何なのかについては、人間のボクらには理解できないことだろうけど……。

アイ　そうはいっても、マスターの実家で飼われているペットの猫は、人間の家族から可愛がられて、餌の心配もないし、もし病気になったら動物病院に連れて行ってもらえるんでしょう？

タヒチの山奥で、生まれたばかりなのに殺される子猫に比べたら、十分すぎるくらい幸福だと思いますけど……。

画家　その代償として、ペットの猫は、一生交尾できないということですがね。

アイ　でも、交尾することが、そんなに大事なことなのでしょうか？　新たに誕生した命が、生き続けることに比べても？

いつかテレビで見たことがあるんですが、毎日、野良猫に餌を与えている「猫おばさん」と呼ばれるような人もいます。これには賛否両論があるでしょうが、飼えないからといって公園に子猫を捨てていく人たちに比べたら、よほど生命を尊重している行為なのではないかと思います。

画家　タヒチにいらっしゃれば感じていただけると思いますが、日本とは住環境もまったく違いますからね。坂東さんは、次のように述べています。

「タヒチ島の私の住んでいるあたりは、人家はまばらだ。草ぼうぼうの空地や山林が広がり、そこでは野良猫、野良犬、野鼠などの死骸がごろごろしている。子猫の死骸が増えたとて、人間の生活環境に被害は及ぼさない」

マスター　それはタヒチだからできることであって、東京のような大都会では無理でしょうが……。

画家　そのことは、坂東さんも理解しているんです。だから、次のようにも述べています。

「子猫が野良猫となると、人間の生活環境を害する。だから社会的責任として、育てられない子猫は、最初から産まないように手術する。私は、これに異を唱えるものではない。ただ、この問題に関しては、生まれてすぐの子猫を殺しても同じことだ。子種を殺すか、できた子を殺すかの差だ」

アイ　「子種を殺す」のと「できた子を殺す」ことを一緒にするのは、ちょっと行き過ぎではないでしょうか？

画家　その点は、おっしゃるとおりでしょうな。おそらく彼女のエッセイの中で、最も強く読者から批判されたのが、この「生まれてすぐの子猫を殺しても同じことだ」という主張でしょう。

この文章を掲載した新聞社には、「子猫殺しを正当化するのか」、「許せない」とか「ショックを受けた」などの抗議が殺到し、ネットやメディアでは、さらに白熱した議論が展開されました。

私も注意深く議論を追っていたのですが、まず坂東さんは、「人は他の生き物に対して、避妊手術を行う権利などない。生まれた子を殺す権利もない」と主張しています。ところが、その一方で、子猫を野良猫化させるべきでないという社会的責任も自覚している。それでは、どうすればよいのか。

結果的に彼女は、「人は神ではない。他の生き物の「生」に関して、正しいことなぞできるはずはない。どこかで矛盾や不合理が生じてくる」と言って、「子猫殺し」を選択しているわけです。

マスター 坂東さんは、自分の飼い猫に対して、「避妊手術」か「子猫殺し」のどちらかを選択しなければならない。しかし、彼女の信念から絶対に「避妊手術」はしたくない。ところが野良猫が増えすぎても困るから、社会的責任を果たすために「子猫殺し」を選択する。そこに「矛盾や不合理」が生じることはわかっているが、「人は神ではない」のだから仕方がない。これでは、開き直っているようにしか聞こえませんが……。

■動物愛護と環境問題

名誉教授　一般に、動物愛護の立場からすれば、ペットとの共存を考えて、飼い犬や飼い猫に避妊手術を施すのが当然の義務となっている。

環境省が担当官庁を務める「動物の愛護及び管理に関する法律」（二〇〇〇年十二月一日施行）は、動物の飼い主の責任として、①動物の健康と安全の確保、②動物が周囲に迷惑を及ぼさないこと、③みだりに繁殖することを防止するために不妊去勢手術等を行うこと、④動物による感染症を予防すること、⑤動物が自分の所有であることを示すことを、明確に定めているからね。

アイ　そもそも猫は、どのくらい子どもを産むんですか？

名誉教授　一般に、メス猫は春から秋にかけて三、四回の発情期を迎え、二カ月の妊娠期間で四～八匹の子猫を産む。さらに子猫は、たった八カ月で交尾できるようになる。したがって、理論上の計算では、仮にオス猫・メス猫の一対のペアを放置しておけば、近親相《そう》姦《かん》を繰り返し、一年半後には百匹以上と幾何級数的に増えることになる。

一匹のメス猫が自由に交尾を繰り返せば、生涯に百匹以上も出産できることもわかっている。メス猫一匹の最多産ギネス記録があるんだが、何匹だと思うかね？

アイ　もしかして、百匹くらい？

名誉教授　いやいや、なんと四百二十四なんだよ！

坂東氏には三匹のメスの飼い猫がいたそうだが、彼女が最後まで三匹に避妊手術を施さなかったとすると、彼女は毎年、少なくとも数十匹の子猫を殺し続けていたはずだ。

付け加えておくが、飼い猫に避妊手術を施す目的には、繁殖の防止ばかりでなく、野良猫の七割以上が感染しているといわれる「猫エイズ」や「猫白血病」の感染予防も含まれている。

多くの自治体は、助成金を出してペットの避妊手術を奨励しているが、それでも野良犬や野良猫の数は減らず、日本では年間三十万匹以上の犬猫が全国の保健所で安楽死処分されているという状況だ。

画家　二〇〇六年当時に話を戻すと、「子猫殺し」を発表してから一カ月後、坂東さんは、大騒動になったさまざまな批判に反論して、『毎日新聞』に「子猫を殺す時、自分も殺している」（二〇〇六年九月二十二日号夕刊）というエッセイを発表しました。

「私は人が苦手だ。人を前にすると緊張する。人を愛するのが難しい。だから猫を飼っている。そうして人に向かうべき愛情を猫に注ぎ、わずかばかりの愛情世界をなんとか保持している。……だから生まれたばかりの子猫を殺す時、私は自分も殺している。それはつらくてたまらない」

それでも彼女は、飼い猫に避妊手術を施そうとは思わないと主張しています。その理由は、「生き物の持つ生命力、生きる意欲を断つ」からであり、さらに「避妊手術には、高等な生物が、下等な生物の性を管理するという考え方がある」からだというのです。

坂東さんは、ナチス・ドイツが同性愛者に断種手術を行ったことや、大日本帝国でハンセン病患者がその対象になった例を挙げ、「他者による断種、不妊手術の強制を当然とみなす態度は、人による人への断種、不妊手術へと通じる。ペットに避妊手術を施して『これこそ正義』と、晴れ晴れした顔をしている人に私は疑問を呈する」と述べています。

マスター　坂東さんが根本的に非難しているのは、ペットに避妊手術を施す人間の「傲慢《ごうまん》さ」のようなものでしょう。彼女からすれば、飼い猫に「避妊手術」を施すことは、生まれた「子猫殺し」以上に、残虐な行為なんだろうなあ……。

画家　坂東さんの友人で作家の東野圭吾《ひがしのけいご》氏は、自分の飼い猫に当然のように去勢手術を施していたそうですが、彼女の文章を読んで、「私は「子猫殺し」はせずに済んだが、一匹の猫を虐待し続けているのかもしれない」と思うようになったと述べています（『坂東眞砂子「子猫殺し」について』週刊文春二〇〇六年九月十四日号）。

坂東さんが自分の飼い猫に感情移入していることは明らかです。「もし私が、他人から不妊手術をされたらどうだろう。……魂の底で「私は絶対に嫌だ」と絶叫するだろう」と書いていますから……。

アイ　でも、彼女は「避妊手術」と「子猫殺し」を同列に語っているんですよね。それならば、両方を併記しなければおかしくないですか？

つまり「もし私が、他人から自分の産んだ子どもを殺されたらどうだろう。……魂の底で「私は絶対に嫌だ」と絶叫するだろう」とも言えるはずです。

私が坂東さんの話で軽視されていると思うのは、殺される子猫のことです。生まれたばかりの子猫は、本当に可愛らしいんですよ。手の平に乗る大きさで、丸まっていて。そんな子猫を崖の下に投げ落とすこと自体、私には残虐行為だとしか思えません。きっと子猫は、傷を負って、母猫を求めて、泣いて苦しみながら死んでいくでしょう。母猫だって、本能的に自分の産んだ子猫を探し求めるに違いありません。

マスター　そういえば、避妊手術のなかった時代、母猫が子猫を何匹か産むと、子猫は目の明かないうちに川に流されるけれども、母猫のために一匹だけは残されたという話を聞いたことがあります。そうしなければ、母猫もおかしくなってしまうからでしょうね。

■ドミノ理論

アイ　先生に伺いたいのですが、猫の避妊手術の話をナチス・ドイツや大日本帝国の断種手術にまで繫《つな》げるのは、飛躍しすぎではないでしょうか？

名誉教授　一般に「Aが起きたらBが起きる、Bが起きたらCが起きる、Cが起きたらDが起きる……」と議論を進行させて、Dになったら大変なことになるから、最初のAを行ってはならないと主張する論法があってね。あたかもドミノ倒しのように議論を飛躍させるから、これを「ドミノ理論」と呼ぶ。

よく知られているのは、冷戦下のアメリカでリンドン・ジョンソン大統領が用いた論法だ。彼は、もしベトナムが共産化したら、周囲のカンボジアもタイも共産化して、その後はアジア全域が共産化して、当時のソ連・中国と手を結び、いずれアフリカやヨーロッパも共産化して、最終的にはアメリカを除く全世界が共産化してしまうと述べた。こうして彼は、議会や大衆の恐怖感を煽《あお》って、何としてもベトナムの共産化を防がなければならないと結論付けた。

その結果、アメリカ合衆国は、ベトナム戦争の泥沼に本格的に突入することになったというわけだ。

マスター　その話を伺っていると、ドミノ理論というのは「風が吹けば桶屋《おけや》が儲《もう》かる」のような詭弁《きべん》ですね。

アイ　風が吹くと、どうして桶屋が儲かるんでしたっけ？

マスター　風が吹くと、砂ぼこりが舞って目に入り、目が不自由になる人が増える。そこで目が不自由な人が職業とする三味線弾きが増えるが、その三味線を作るためには、猫の皮が必要になる。だから猫が捕獲されるようになるが、そうなると鼠が増える。鼠が増えると、桶がかじられる。したがって、新しい桶が必要になるから、桶屋が儲かるというわけ……。

名誉教授　論理的には、推論の過程で各々の論点が飛躍しているわけでね。

もし坂東氏が、飼い猫に避妊手術を施すことは、高等生物が下等生物を管理することであり、それが人を管理する避妊手術に繋がり、さらにナチス・ドイツや大日本帝国の行った断種手術のような「人への断種」にまでエスカレートするに違いない、よって飼い猫に避妊手術を施すべきでないと主張するのであれば、それは典型的なドミノ理論の一例といえるだろう。

画家　しかし、ドミノ理論は、絶対に間違っているのですか？

たとえば、さきほどのアメリカの例ですが、もしベトナムにアメリカが侵攻しなければ、実際に周辺諸国が共産化した可能性もあったでしょう？

名誉教授　たしかにアメリカが介入しなければ、ベトナムは共産化したかもしれませんが、それがカンボジアやタイにまで飛び火したかどうかはわからないですね。それに、もしそうなっても、他の自由主義諸国が黙って見ているわけではなくて、さまざまな対策を講じた可能性も考えられます。

さらに、仮にインドシナ半島全域が共産化したとしても、そこからアジア・アフリカ・ヨーロッパと、アメリカ以外の世界中が共産化するまでには、膨大な過程があるわけでしょう。

そもそも「ドミノ理論」は、たくさんある仮定の中から、自分の理論に都合のよい仮定を選び、次にたくさんある仮定の中から、再び自分の理論に都合のよい仮定を重ねていって、最終的に極端な結論に導くという論法ですからね。

絶対にその選択の連鎖が起こりえないのかと問われれば、それは不可能ではないけれども、その確率は限りなくゼロに近いということです。


マスター　実際に、いくら風が吹いたって、桶屋は儲かりませんからね。

ボクは小さい頃に「嘘つきは泥棒の始まり」と教えられて、ずっと奇妙な話だなと思っていたんですよ。嘘をついた人が、必ず悪の道に入り、泥棒になるとは限りませんからね。

実際に現代社会を見渡してみると、平気で嘘をついている人ばかりじゃないですか！　といっても、彼らが全員、泥棒だというわけではないですからね。

■タヒチに戻ったゴーギャン

画家　皆さんのおっしゃることはよくわかります。たしかに坂東さんの言うことは、論理が破綻しているし、結論も飛躍している。
ただタヒチで暮らしていると、その感覚が非常によくわかるんですよ。人も動物も、自然に生まれて、自然に生きて、自然に死ぬ。猫は好き勝手に交尾して、生まれた子猫は、増えすぎないように間引きする。人工的な避妊手術など、想像することもない世界とでも言えばよいのかな……。

タヒチでは、流れる時間も、空間の広がりも、人間や金の価値も、すべてがあまりにも日本と違っていましてね。その世界に長くいると、私の内部の「日本人」も破壊されそうになります。そういう「魔力」のようなものがタヒチにはあるんですよ、ちょっと大袈裟《おおげさ》ですが……。

アイ　ゴーギャンは、タヒチで生涯を過ごしたんですか？

画家　実は、ゴーギャンはね、たった二年でフランスに戻っているんですよ。デンマーク人の奥さんとの離婚騒動が始まったためにね。

これが、彼がタヒチから去るときに述べた言葉です。

「私はフランスへ帰らねばならなくなった。やむを得ない家庭の事情が起こったからだ。さようなら、情深き土地よ、心よき土地よ、美と自由の国よ！　私は、滞在二年余のうちに、二十年も若くなり、来た時よりも遙かに「野蛮」に、しかし遙かに賢くなって帰ってゆく。そうだ、野蛮人たちはこの年老いた文明人に、実に多くのことを教えてくれた」

マスター　ゴーギャンが「野蛮」と呼んだものが、きっと画家さんが現代でも感じていらっしゃる「魔力」なんでしょうね。

アイ テフラは、どうなったんですか？

画家 ゴーギャンは、次のように述べています。

「波止場《はとば》をはなれて船に乗る時、私は、テフラを最後に見た。彼女は幾晩も幾晩も泣き続けていた。今は疲れ果て、相変らず悲しそうに、しかし静かに、たれた両足の頑丈な大きな足先を塩水に浸しながら石の上にすわっている」

アイ ゴーギャンのテフラに対する仕打ちは、酷すぎませんか？

画家 天罰が下ったのか、パリに戻ったゴーギャンも、酷い目に遭いますよ。

一八九三年十一月、ゴーギャンは、タヒチから持ち帰った四十一枚の油彩をカラフルに額装して、ラフィット街の有名な画廊で展覧会を開きました。ゴーギャンは自信満々だった。そして、彼が紹介したタヒチの風俗は、文化的な意味でパリの知識人を大いに驚かせましたが、肝心の絵画は、散々に酷評されてしまいます。

「感心したのはドガだけで、モネもルノアールも酷い絵だと言っている」というピサロの手紙が残っています。

ゴーギャンは、テフラの面影を追ったためか、自称十三歳のジャワ出身の少女と同棲《どうせい》しています。ところが、彼女は、実は都会育ちのとんでもない悪女で、一年後にゴーギャンの財産を持ち逃げしてしまいます。
さらに、酔ったゴーギャンは、船員とケンカして踵《かかと》を蹴《け》られて複雑骨折し、その痛みから逃れるためにモルヒネを常用するようになります。

マスター　まさに踏んだり蹴ったりですね。

画家　パリに居場所のなくなったゴーギャンは、二年後、再びタヒチに戻ります。しかし、二度目のタヒチは、もはや「天国」ではありませんでした。
ゴーギャンは、パペーテ郊外の富裕層が住む別荘地域に広大なアトリエを建てますが、そのために借金を重ねて、首が回らなくなります。そのうえ、彼は梅毒に侵され、その後遺症で、身体中が皮膚病に侵されていました。それを見たテフラは、怖れて一週間で彼の下から逃げ去ってしまいます。

アイ　それは、ゴーギャンの自業自得でしょうね。

画家　たしかに、若い女性からご覧になったら、許せない人物でしょうな。
さらに追い打ちをかけたのは、彼が五人の子どもの中で最も愛していた十九歳の娘アリーヌが肺炎で死亡したという手紙でした。
あらゆる意味でどん底に陥ったゴーギャンは、自殺を決意します。そして、「死を前にしてもてるすべてのエネルギーをこの絵に注ぎ込んだ」という畢生《ひっせい》の大作「我々はどこから来たのか、我々は何者か、我々はどこへ行くのか」を描き上げて、砒《ひ》素《そ》を飲んだのです。

マスター ゴーギャンは、自殺したんですか！

画家 いえいえ、彼は砒素を飲みすぎて吐いてしまったため助かりました。その後、数年間は生き永らえて、結局、心臓麻《ま》痺《ひ》で亡くなりました。

マスター それにしても、悲惨だなあ……。

■芸術におけるオリジナリティ

画家 実は今の私も、パリに戻ったゴーギャンと似たような状況でしてね。

私の個展に対する美術関係者の批評は、どれも散々な酷評です。「ゴーギャンの二番煎《せん》じでしかない」、「オリジナリティがない」とか「深さがない」と、非難囂《ごう》々《ごう》ですよ。

このままタヒチに戻るべきかどうかさえ、悩んでいましてね……。

マスター なんですって？ せっかく「天国」みたいな楽園で十九歳の女性と一緒に暮らしているのに？

画家 その生活も、永遠には続きませんからな……。

結局私は、絵画も生活もゴーギャンの真似ばかりして、しかも彼を超える作品は描けずに、老いていくばかりです。こんなことでよいのか！

アイ　批評なんて気にしないで、自由に絵をお描きになればよいのではないでしょうか？

先生、そうですよね？

名誉教授　もちろん、それはご本人が判断されることだろう。ただ、タヒチに戻るか戻らないかということよりも、画家さんがゴーギャンの影響から逃れなければ、作品にオリジナリティは望めないのではないですか？

以前の私の同僚に、カントを専門とする哲学者がいましてね。哲学者というよりも、カント専門家と言った方がよいでしょう。彼にどんな質問をしても、この問題は『純粋理性批判』で議論されているとか、こちらは『判断力批判』に出てくるとか、その問題はカントがアンチノミーとみなしているなどと言って、まるでカントの生き字引のように答えることはできるのですが、肝心の本人が「哲学的問題」を追究している痕跡《こんせき》がないのです。つまり、彼の哲学には、オリジナリティが皆無なのです。

画家　おっしゃる意味はよくわかります。たしかに私もゴーギャンに憧れてタヒチに移住し、似たような生活を送っているが、結局はゴーギャンに支配されている。だから「ゴーギャンの二番煎じ」のような作品しか描けないわけでしょう。

名誉教授 私はパブロ・ピカソが好きなんですが、彼の芸術は簡単には汲《く》みつくせないでしょう？ なにしろ彼は、最も多作な芸術家だと『ギネスブック』にも記載されていますからね。

生涯に約一万三千五百点の油絵・素描、十万点の版画、三万四千点の挿絵、三百点の彫刻・陶器を制作したというのですから、驚愕《きょうがく》です。

画家 ピカソは、人間離れした天才ですね。彼の作風は、「青の時代」、「ばら色の時代」、「アフリカ彫刻の時代」、「キュビズムの時代」、「新古典主義の時代」、「シュルレアリスムの時代」、「ゲルニカの時代」、そして「新表現主義」に影響を与えた晩年と変化し続けたにもかかわらず、根底にあるピカソの個性は揺らいでいない。もはや信じられないパワーで、私には近寄ることもできません。

名誉教授 ピカソは生涯に二回結婚し、少なくとも五人以上の愛人と深い関係になり、三人の女性との間に四人の子どもを儲けていますね。

彼が最も愛したのは、六十三歳のときに出会った二十一歳の画学生フランソワーズ・ジローだと言われています。彼らは三年後に同棲生活を始め、フランソワーズは、ピカソの息子と娘を産みましたが、ピカソに束縛されるのが嫌だと二人の子どもたちを連れて去ってしまった……。

画家　彼女は、唯一ピカソを捨てた女性ですね。ピカソは、その別離に大きなショックを受けたと言われています。もっともピカソは、すぐに別の愛人を見つけて、フランソワーズに見せつけるかのように、結婚していますがね。

名誉教授　そのフランソワーズの『ピカソとの日々』の中に、次のようなピカソの言葉が出てきます。

「画家が仕事に陶酔し、没我の境地に入るためには、カンヴァスの廻《まわ》りは完全な闇でなければならない。理性によって休みなく意識されざるをえない自分の限界を超えたければ、画家は自らの内面に可能な限り近づかなければならない」とね。

画家　「自らの内面」……。

アイ　今日画家さんのお話を伺って、画家さんの内面が表れた話だと思ったのは、亡くなられた奥様の面影のお話でした。

　奥様をテーマにお描きになったらいかがでしょうか。

画家　亡くなった妻の絵……。思いもしなかったが、描いてみるかな……。

名誉教授　ピカソの口癖が「明日描く絵が最もすばらしい」だったことはご存知でしょう。畢生の大作を楽しみにしていますよ。

マスター　先生、今日は叔父《おじ》が置いていった秘蔵の焼酎《しょうちゅう》を出しましょう！

名誉教授　これは、「森伊蔵《もりいぞう》」の芋焼酎じゃないか！

マスター　伝統的な甕壺《かめつぼ》による小仕込みで、生産量が極めて少ないため「幻の焼酎」と呼ばれているものです。

画家　これはありがたい。今夜は存分に飲んで、ゴーギャンから脱却しますよ！　亡くなった妻と向き合って、私しか描けない絵を仕上げてみせよう！

名誉教授　それでは、自らの内面に立ち向かっている芸術家に乾杯しよう！

一同　乾杯！

第四夜　「異性愛」と「化学物質」〈心理学的アプローチ〉

マスター　いらっしゃいませ。
名誉教授　こんばんは。今日は街中、どこも浴衣《ゆかた》を着た男女で一杯だね。
アイ　今夜は花火大会ですから……。
名誉教授　そうだったのか！　それにしても、日中は四十度を超える蒸し風呂《ぶろ》状態だったというのに、夜になっても若者たちの熱気で、暑くて堪《たま》らない！　並木道で「月下美人」の芳香を嗅《か》いだのが、せめてもの救いだ。
　極限まで冷たいフローズン・ストロベリー・ダイキリを頼むよ。
マスター　かしこまりました。
心理カウンセラー　「月下美人」といえば、夏の夕暮れから夜にかけて花を咲かせ、朝には萎《しぼ》んでしまいますよね。咲いている間は、すばらしい香りなのに、短い命……。
マスター　こちら、画家さんの紹介でいらした心理カウンセラーさんです。サンフランシスコの病院にお勤めだそうですよ。
名誉教授　サンフランシスコといえば「ダンジネスクラブ（Dungeness Crab）」！　私はカリフォルニアを通るたびに、必ず「クラスタシアン（Crastacean）」に寄って食べていますよ。

心理カウンセラー　「クラスタシアン」は、私もよく利用するレストランです。オーナーも知り合いですが、あのソースのレシピを聞いても、一族に伝わる秘伝だからと絶対に教えてくれないんですよ。

アイ　その「ダンジネスクラブ」って、何ですか？

名誉教授　アメリカ西海岸の海底に生息するアメリカイチョウガニとも呼ばれるカニでね。甲羅が大きくて、甘い身がギッシリと詰まっているんだよ。

　この「ダンジネスクラブ」を独特の風味のガーリック・ソースでローストした料理を出すのが「クラスタシアン」というレストランだ。その名も「甲殻類」という意味だから、ソソルだろう？

アイ　美味《おい》しそう、食べてみたいなあ……。

心理カウンセラー　ぜひ一度遊びにいらっしゃい！

　サンフランシスコは、近代の日本が最初に公式に使節を派遣した港だから、日本に親近感を持っているアメリカ人も多いし、本当に住み心地のよい街よ。

名誉教授　江戸幕府が、二百年以上続いた鎖国を解いて「日米和親条約」を結んだのが一八五四年。「日米修好通商条約」の批准書を交換するために「万延《まんえん》元年遣米使節団」を送り出したのが一八六〇年だった。
勝海舟《かつかいしゅう》と福沢諭吉《ふくざわゆきち》、通訳としてジョン万次郎《まんじろう》の乗った「咸臨丸《かんりんまる》」は、旧暦一月十九日に品川を出帆し、ハワイを経由して、旧暦二月二十六日にサンフランシスコ港に入港した。当時は、大荒れの太平洋を三十八日も航海して、ようやくカリフォルニアに辿《たど》り着いたというわけだ。

心理カウンセラー　今では、飛行機の直行便だと、サンフランシスコから東京まで、たったの九時間半ですよ。夕食後に一晩寝ていたら、朝には東京に着いている感じかな……。近いでしょう?

アイ　就職が決まったら、友人と一緒にアメリカに卒業旅行するつもりなので、必ず寄らせていただきます!
　それにしても、アメリカの病院でご活躍なんて、すごいですね。どういうお仕事なんですか?

心理カウンセラー　正式には、カリフォルニア州公認臨床心理士。「心理カウンセラー」なのよ。

名誉教授　日本では「心理カウンセラー」といえば、民間業者が数日間程度の研修で「自称心理カウンセラー」を量産して、困ったものでね。なかには高額な自己啓発セミナーを開いたり霊感商法に関わったりして、大きな問題を引き起こす「心理カウンセラー」も存在する。

ところが、アメリカでは一般病院のカウンセリングにも健康保険が適用されるから、正規の「心理カウンセラー」の需要は高いが、それだけに認定資格を取るのも大変なんだよ。

心理カウンセラー　私は日本の大学を卒業して、カリフォルニア大学ロサンジェルス校の大学院に留学したんですが、博士号取得に加えてインターンを三千時間、さらに二種類の国家資格試験を受けなければならなかったので、結果的にカリフォルニア州公認の資格を取るまで、渡米して十二年掛かりました。

マスター　ボクはポスドクで落ちこぼれてしまったので、尊敬しますよ。

十二年ですか！　インターンを三千時間というのも、立派ですね！

心理カウンセラー　大学院時代の六百時間分も加算しているんだけどね。昼間は授業を受けて、夜間は定時制高校のスクールカウンセリング、それに日曜日には不登校児童のグループカウンセリングを行って、インターンの時間を稼いだのよ。

今勤めている病院では、同僚の心理カウンセラーと交代勤務だから、長期休暇も取れるし、ずっと楽になりました。カウンセリングの内容も、大学生の恋愛や家族問題とか、ジェンダーやセクシャリティに関する相談が多くなってきて……。

アイ　「恋愛」ですって？　私、「愛」の話にすごく興味があるんです。「恋愛」とは何なのか、教えてください！

■条件反射

心理カウンセラー　「恋愛」といえば、基本的には、過去の刺激反応に基づく条件反射の一種と位置付けられるでしょうね。若い人には、まったくロマンのないリアリスティックな言い方かもしれないけれど……。

基本的にすべての動物は、先天的な反射作用を備えているのよ。たとえばイヌの口に一切れの肉を入れると、唾液腺《だえきせん》が「無条件反射」して唾液を分泌し、消化を開始しながら消化管から胃へと流し込むでしょう。

ところが、生まれながらではなく後天的に与えられる「条件反射」も存在する。この大発見を行ったのが、一九〇四年にノーベル医学生理学賞を受賞したロシアの生理学者イヴァン・パブロフで……。

アイ　「パブロフのイヌ」で有名なパブロフですよね？　大学の心理学の講義に出てきたので、よく覚えています。

名誉教授　パブロフが条件反射を発見したのは、実は偶然の結果だったんだよ。もともと彼は生理学者だから、イヌが食物の刺激に対してどのように反応するか、肉とミルクとパンのように異なる餌を与えたときに、それぞれ唾液と胃液の分泌量がどのように変化するかを研究していた。

ところが彼は、いつもイヌに餌を与える係の学生が部屋に入ってくるだけで、イヌの唾液腺が反応していることに気付いた。イヌが特定の人物を見て唾液を分泌することは先天的な「無条件反射」とは考えられないから、彼はそれを後天的な「条件反射」と名付けたわけだ。

心理カウンセラー　その現象を再現化するために、パブロフは、メトロノームの音を一分間聞かせた後に、イヌに餌を与える実験を繰り返しました。その結果、イヌは、メトロノームの音を聞いただけで、餌を与えなくとも唾液を分泌するようになった。つまりそのイヌは、メトロノームの音に「条件付けられた」わけね。

アイ　でもそれは、イヌの話ですよね。私は心理学の講義中にもずっと疑問に思っていたのですが、人間はそんなに単純ではないでしょう？

心理カウンセラー　そう思う？　それじゃあ、今ここで、実験してみましょうか。

ちょっと想像してみてね……。ちょうど今、あなたはマラソンを走り終えたばかりで、汗だくになって、喉《のど》が渇ききっているとしましょう。あなたの目の前には、真黄色のレモンがあって、これをナイフで二つにカットした。あなたは、搾り果汁の湧き出ている切り口に齧《かじ》り付いた。あまりの酸っぱさに、あなたは身体中で震え上がった！

いかがかしら？　あなたの唾液腺も刺激されたでしょう？

アイ　たしかに唾液が出てきました！　ちょっと悔しいですが……。

マスター　あははは、ボクもだ……。「条件反射」の威力はすごいね。

ということは、「恋愛」もレモンと唾液腺の関係と似たようなものだということですか？

心理カウンセラー　そういうこと。あなたたちは、過去にレモンの酸っぱさを何度も体験して、条件付けられている。だから、「レモン」という言葉の刺激だけで、唾液腺が反応して唾液を分泌した。

それと同じように、今ここに、あなたたちの嗜好《しこう》に条件付けられた相手が現れたら、あなたたちは条件反射的に恋に落ちるということ……。

名誉教授　マスターは、平安時代の美人像を知っているかね？
　平安時代の女性は、顔は大きめ、しもぶくれで、「引目」と呼ばれる細い象眼、低くて小さい鼻、おちょぼ口が美しいとみなされた。つまり、典型的なオタフク顔が美女だったわけだ。
　当時は飢饉《ききん》もあり、裕福でなければ満足な食事も取れなかったから、豊かさの象徴として、ふくよかな体型が好まれた。さらに美白肌と長い黒髪、それに和歌を詠む素養があれば申し分ない。その代表が、当時は絶世の美女と呼ばれた小野小町《おののこまち》だよ。
アイ　百人一首の「花の色は　移りにけりな　いたづらに　わが身世にふる　ながめせしまに」の作者ですね。
　私も「愛」について思い悩んでいるうちに、年老いていくのかしら……。
マスター　アイちゃんは若いんだから、そんな心配はいらないよ。
　それより先生、どうして平安時代の美人像の話になったんですか？
名誉教授　刺激反応の話だよ。もし君が平安時代に生まれていたら、きっとオタフク顔の女性に惹《ひ》かれて恋をしただろうと言っているわけだ。

■美意識と文化性

マスター　ボクは、オタフク顔なんて好みじゃないですよ！

どちらかというと、目がパッチリして鼻が高くて、細身でグラマーなタイプがいいんですが……。

心理カウンセラー　あなたの女性に対する嗜好性は、本来的な「遺伝的要因」に加えて、幼児期から現在に至る「環境的要因」の刺激反応の積み重ねによって形成されているのよ。

一般に男性は、幼い頃から、テレビや雑誌、映画やネット、あるいは周囲の家族や友人から、どのような女性が「美人」なのかを刷り込まれ、思春期になると、そのタイプに最も近い身近な女性を追い求めるようになるの……。

名誉教授　つまり、君が望むタイプの女性は、まさに現代の「美人」として、これまでの君に刷り込まれた結果と考えられるわけだ。しかし、その「美人」の基準は、時代的背景や文化的背景によって大きく変化するからね。

たとえば、エチオピアの南西部に居住する「ムルシ族」の女性は、唇が大きいほど美人とみなされる。そこで結婚前の女性は、唇に穴を開けて「デヴィニヤ」と呼ばれる皿を嵌《は》め込む。この皿は、最初は直径一センチくらいだが、徐々に大きな皿に替えて、最終的には直径二十センチを超えるサイズにする女性もいる。

「ムルシ族」では、耳たぶも大きい方が美人とみなされるから、両耳にも穴を開けて、唇と同じように「デヴィニヤ」を嵌め込む女性もいる。ピアスの穴に皿を嵌め込んで、どんどん耳たぶを大きくしていくようなものでね……。

マスター 聞いているだけで、口や耳が痛くなってきそうですが……。

心理カウンセラー 唐から清にかけての中国では、小さい足の女性が美しいとみなされていて、千年近くにわたって「纏足《てんそく》」という俗習が続いたのを聞いたことがあるでしょう？

当時の中国の母親は、娘が三、四歳になると、両足の親指以外の四本の足指を内側に曲げて木綿の布できつく縛って、発育を抑制した。娘は苦痛で夜も眠れなかったそうだけど、どんなに泣いても喚《わめ》いても、三日に一度、消毒して縛り直すとき以外は緩めることなく縛り続ける。すると、約二年後には足の骨がハイヒールのように変形して、爪先《つまさき》立ちで歩くようになるのよ。

「纏足」女性の爪先立ちの歩き方は、性的に魅力的だとみなされ、走ることもできないから、どこへも逃げられなかった。当時はこれが、男性による女性支配のためにも、非常に都合がよい習慣だと考えられていたわけ。女性の足のサイズは、成人で十センチ程度が最も美しい「三寸金蓮《きんれん》」と呼ばれ、そのような足の女性は、良家へ嫁ぐこともできたのよ。

マスター なんとも酷《ひど》い俗習ですね……。

心理カウンセラー ところがね、「纏足」の習慣のなかった満州族の清王朝が「纏足禁止令」を出したにもかかわらず、中国の女性たち自身、なかなかこの習慣を止めようとはしなかった。なぜなら、彼女たちも、それこそが「美人」の証《あかし》だと刷り込まれていたからなのよ……。

名誉教授 女性の足は小さい方が貴族的で美しいとみなされたのは、ヨーロッパでも同じことでね。十七世紀にバレエが流行すると、当時の少女たちは、故意に小さいサイズのバレエシューズを履いて、発育を抑制したという。

心理カウンセラー その後、ヨーロッパで美の基準とされるようになったのは、ウエストの細さね。十八世紀にロココ調の宮廷サロン文化が始まると、貴婦人の間では、ウエストを極度に細めて胸部を強調し、対照的に広がったフープスカートで下半身を覆うスタイルが流行した。

そこで発明されたのが、強靭《きょうじん》な皮革でボディを締め付ける「コルセット」で、紐《ひも》が切れないように強靭なクジラの髭《ひげ》が何本も使われていたのよ。

名誉教授　当時のフランスの貴婦人は、ウエストが四十センチ以下になるように、召使に力ずくでコルセットを締め上げさせて、舞踏会に出掛けた。

内臓も締め付けられているから、何かを飲んだり食べたりしても、すぐに化粧室に行って吐いていたという。身体全体の血流も妨げられていたから、常に貧血気味で、すぐに気絶する女性が多かったのは、それが理由だった。

マスター　まるで拷問みたいじゃないですか！

名誉教授　それとは正反対に、アフリカ北西部のモーリタニアでは、今でも太った女性ほど美しいとされていてね。この国は、全土がサハラ砂漠に覆われて農耕に適さず、国民の大半が遊牧民なんだが、伝統的に太った女性こそが豊穣の美として崇《あが》められてきた。

この太った女性というのが、ルノアールの絵に描かれているような、ふくよかな女性というレベルではなくて、百キロを超えて百五十キロ近くの肥満女性こそが美人とみなされるから、大変なんだよ。

モーリタニアでは、女の子が生まれると、将来よい花嫁になれるように、両親が強制的に肥満化させるんだ。五歳になると、脂肪を豊富に含むラクダの乳に砂糖を混ぜて、毎日飲まされるようになる。その量は日増しに多くなり、十九歳の頃には、一日に二十リットル近くも飲まされるという。

マスター　一日に二十リットル！　まさに拷問じゃないですか！

名誉教授　飲めずに吐き出すと、それをもう一度飲ませるというんだから、たしかに拷問だね。内臓破裂で亡くなった少女も報告されているが、それでも痩《や》せた女性は貧困の象徴とみなされて結婚できないから、その俗習は今も続いている。

モーリタニアは、一九六〇年までフランスの植民地だったが、女性を太らせる俗習のことをフランス語で「ガバージュ」と呼んでいる。この言葉は、なんとフランス人がガチョウのフォアグラを作るための方法なんだよ。

アイ　「フォアグラ」ですって？

名誉教授　「フォアグラ」の作り方はね、まず夏の間ガチョウを十分運動させて基礎体力を付けさせて、秋になると狭い場所に閉じ込めて運動できないようにする。そして、柔らかくなるまで蒸したトウモロコシを、チューブで強制的に胃に詰め込む「ガバージュ」を一日に三回繰り返し、これを一カ月続ける。

すると、ガチョウの肝臓は通常のおよそ十倍、二キロに達するほどの脂肪肝に肥大し、横になって立ち上がることさえできなくなる。この段階のガチョウを絞めて、その脂肪肝、つまり「フォアグラ」を取り出すわけだ。この製法によって、「キャビア」と「トリュフ」と並んで、世界三大珍味と称される「フォアグラ」の微妙な味わいが醸し出されるわけでね。

マスター　その「ガバージュ」を、人間の女性に繰り返すなんて……。

名誉教授　それでもモーリタニアの男性は、肥満女性にしか魅力を感じないというんだから、いかに刷り込みが嗜好性に大きな影響を与えるか、よくわかるだろう。

■恋愛の六類型論

アイ　女性の外見に対する嗜好性が、文化的要因に影響を受けてきたことはよくわかりましたが、「恋愛」については、どのように考えればよいのでしょうか？

心理カウンセラー　それについては、おもしろい研究があってね。トロント大学の心理学者ジョン・アラン・リーが、人間が「恋愛」に対して取りうるスタイルを過去の膨大な文献から抽出して、六種類の類型にまとめたのよ。

　リーが一九七三年に発表した『愛の色彩理論』では、「色」の三原色に相当する「愛」の三つの原型を定めている。それが「エロス」・「ルダス」・「ストルゲ」の三類型なの。

「エロス」は「情熱的な恋愛」。ギリシャ語の「エロス」は「情熱的・性的愛情」を意味する。相手の身体的魅力に強く反応し、いわゆる「一目惚《ぼ》れ」を起こすような「ロマンス」の恋愛がこれに相当する。相手のすべてを知り、すべてを共有しようとする。相手から批判されると、傷ついて強烈な苦悩と絶望に陥る。恋愛至上主義に陥りやすく、その根底には相手との共有意識がある。

「ルダス」は「遊びの恋愛」。ラテン語の「ルダス」は「ゲーム」を意味する。相手との関係をゲームの駆け引きのように楽しみ、相手を次々と取り換えていこうとする。相手に深く関わらず、複数の相手と付き合うこともできる。自分のプライバシーに踏み込まれることを嫌う一方で、相手を騙《だま》すことは平気。相手に執着しないため、独占欲や嫉妬《しっと》心を示すことはない。

「ストルゲ」は「友情の恋愛」。ギリシャ語の「ストルゲ」は「家族愛」を意味する。家族が長い時間をかけて愛情を育《はぐく》むように、相手との間に友情のように穏やかで親密な関係を築くこと。恋人というよりも、相手に仲間意識に近い感覚を持つ。お互いに、家族的な忠誠心や責任感を抱き、友達関係から進展して恋人になるのが典型的な事例……。

マスター　「エロス」・「ルダス」・「ストルゲ」が三原色だとすると、それらが混ざり合って、二次的な三色が生じるわけですか？

心理カウンセラー　そうね。二次的な原型は「プラグマ」・「アガペ」・「マニア」の三類型。「プラグマ」は「実用的な恋愛」。ギリシャ語の「プラグマ」は、「事実・重要事項」を意味する。相手との関係を、自分の目標達成の手段の一つと考える。計算高く、自分が社会的に承認されたい、あるいは高い地位に就くための目的に沿って相手を選ぼうとする。会員制のお見合い制度やコンピュータに希望を打ち込むお見合い制度などもこの型の要望といえる。

「アガペ」は「愛他的な恋愛」。ギリシャ語の「アガペ」は、「自己犠牲的な愛」を意味する。キリスト教では神の人間に対する「無償の愛」と解釈されるようになった。忍耐強く、忠実に相手の要求を理解し、相手の利益を第一に考えて行動する。自らの犠牲を厭《いと》わず、見返りを求めない献身的な愛情を指す。長期的には、相手が病気になったような状況で、増加する事例もある。

「マニア」は「偏執的な恋愛」。ギリシャ語の「マニア」は、「狂気・熱狂」を意味する。「病的な愛」とも呼ばれる。相手に強迫的あるいは依存的にのめり込み、相手の愛情を何度でも確かめたがる躁《そう》状態が続く。相手に対する独占欲が強く、嫉妬深くなる。自分の感情が満たされれば強烈な快楽、満たされなければ強烈な苦痛が交互に現れる。

マスター　その六類型のさまざまな組み合わせが内面に生じている状態を「恋愛」とみなすわけですね。

■ヘンドリックの恋愛尺度

アイ　でも、その六類型が、どのような度合いで組み合わされているのか、測る方法はないのでしょうか？

心理カウンセラー　それは、よい質問ね。実は、リーの理論を尺度で測ろうとしたテキサス工科大学の心理学者クライド・ヘンドリックとスーザン・ヘンドリック夫妻が、六類型の要因を探る「恋愛心理尺度」の質問表を作成したのよ。

ここに持っているから、試しにやってごらんなさい。

恋愛心理尺度測定質問票

■自分の（現在あるいは将来の）交際相手について、各々「よく当てはまる」５点から「当てはまらない」０点までを回答すること。

●エロス

1. 彼・彼女と私が最初に会った瞬間から、すぐにお互いに惹かれあった。
2. 彼・彼女と私は、お互いに釣り合っている。
3. 彼・彼女と私は、比較的早くから感情的にのめり込んだ。
4. 彼・彼女と私は、お互いの情熱で結びついていると感じる。
5. 彼・彼女と私は、お互いに本当に理解し合っている。
6. 彼・彼女と一緒にいると、本当に愛し合っていると実感する。
7. 彼・彼女と私は、お互いに出会うためにこの世に生まれてきたような気がする。
8. 彼・彼女と一緒にいると甘くてうっとりとした気分、優しくて華やかな雰囲気になる。

●ルダス

1. 私は彼・彼女との関係を少し曖昧《あいまい》なものにしておきたいと思っている。
2. 彼・彼女が私に頼りすぎるような時は少し身を引きたくなる。
3. 彼・彼女に大きな期待を抱かせたり、恋にのめり込まないように気をつけている。

4. 私が必要と感じた時にだけ、彼・彼女に一緒にいてもらいたい。
5. 彼・彼女とはあまり深入りせずに、あっさりした付き合いをしたい。
6. 彼・彼女とは気が向いた時にだけ会うのが良い。
7. 私は彼・彼女にあれこれ干渉されると別れたくなる。
8. 私は特定の交際相手を決めたくない。

●ストルゲ

1. 彼・彼女への友情がいつの間にか恋愛に変わっていた。
2. 私たちの友情は、時間をかけて積み重ねることで愛情となった。
3. 彼・彼女との友情をずっと大切にしたい。
4. 彼・彼女との恋愛関係がダメになっても友人でい続けたい。
5. 長い友人関係が先にあって、そこから恋愛に移行した。
6. 私は友情関係から発展した恋愛のほうにより満足する。
7. 最良の愛は、長い友情があってこそ成り立つものだ。

●プラグマ
1. 恋人を選ぶ時には、その人に経済力があるかどうかを見る。
2. 恋人を選ぶ時には、その人との付き合いで私のレベルが下がらないかを考える。
3. 恋人を選ぶ時には、その人の学歴・家柄・育ちが私と釣り合うかどうかを考える。
4. 恋人を選ぶ時には、その人の将来性について考える。
5. 恋人を選ぶ時には、その人が良い親になれるかどうかを考える。
6. 私は恋人を選ぶ前に、自分の人生設計や経済計画を慎重に考えてから決める。
7. 恋人を選ぶ時には、その人が私の家族に受け容れられるかどうかをまず考える。
8. 彼・彼女と付き合う前に、その人が社会的・経済的にどのような人物になるかを考えてみる。

●アガペ
1. 彼・彼女の望みを叶《かな》えるためなら自己犠牲も厭わない。
2. 彼・彼女のためなら、今できないことでも何とかできるようにしてみせる。
3. 彼・彼女のためなら、死ぬことさえも恐れない。
4. 彼・彼女と一緒にいられるなら、貧乏暮らしでも平気であり構わない。

5. 彼・彼女のためなら、どんなことも我慢できる。
6. たとえ彼・彼女から全く愛されなくても、私は愛することができる。
7. どんなに私がつらくて苦しくても、彼・彼女には常に優しくしてあげたい。
8. 彼・彼女が苦しむくらいなら、私が苦しんだほうがマシである。

●マニア
1. 彼・彼女が私を気にかけてくれないとひどく落ち込むか怒る。
2. 彼・彼女が私以外の異性と楽しそうにしていると、気になるし不快である。
3. 私は気が付くと、いつの間にか彼・彼女のことばかり考えている。
4. 彼・彼女が他の誰かと付き合っているかもしれないと思うと、嫉妬深くなって落ち着かない。
5. 彼・彼女を私だけのものにしたいという独占欲が強い。
6. 彼・彼女にはいつも私のことだけを考えていてほしい。
7. 彼・彼女からの愛情が少しでも衰えたと思うと悩んで苦しむ。
8. 彼・彼女と不仲になったり喧嘩《けんか》したりすると、別れが心配でやつれるほどである。

マスター　ボクは「エロス」の点が最も高い！　それに「ストルゲ」の点も結構高いですね。アイちゃんは？

アイ　私は「アガペ」の点が高いです。あと「プラグマ」と「マニア」の点も高くて、私って怖い女なのかしら……。先生は？

名誉教授　私にとって、恋愛は完全なゲームだから、高得点なのは「ルダス」に決まっているじゃないか！

アイ　えっ、そうなんですか？

名誉教授　あははは、冗談だよ。申し訳ないが、この種の心理テストは質問を単純にパターン化しすぎているから、どうもマジメには参加できなくてね……。

心理カウンセラー　大先生のように複雑な思考回路をお持ちの方には、たしかに不適切な尺度かもしれませんね。しかし、大学生に行った調査では、いろいろと興味深い結果が出ていますよ。

ヘンドリック夫妻が一九八八年にカナダで五十七組の大学生カップルに行った調査では、「エロス」と「ストルゲ」に高い相関関係が見られました。つまり、自分が相手に「エロス」的に強く惹きつけられている場合は、相手も自分に同じように感じているし、自分が相手に「ストルゲ」的な友情に近い感情を抱いている場合、相手も自分に同じように感じているわけです。

一九八九年、筑波大学の松井《まつい》豊《ゆたか》教授らが首都圏の千九十二名の大学生に行った調査では、男性は「マニア」・「アガペ」・「エロス」・「ストルゲ」・「ルダス」・「プラグマ」の順に得点率が高く、女性は「マニア」・「ルダス」・「ストルゲ」・「アガペ」・「エロス」・「プラグマ」の順でした。

二〇一二年、法政大学の越《お》智《ち》啓太《けいた》教授らが行った類似した調査では、男性は「アガペ」・「マニア」・「ストルゲ」・「エロス」・「プラグマ」・「ルダス」の順に得点率が高く、女性は「マニア」・「プラグマ」・「ストルゲ」・「アガペ」・「ルダス」の順でした。

マスター　男女で最も対照的なのが「アガペ」ですね。日本のどちらの調査でも、男子学生は「アガペ」の順位が比較的高く、女子学生は低い！　現代社会においては、男子学生が女子学生に尽くしているんだ！

■愛と化学物質

名誉教授　この種の調査は、母集団の対象者によっても、質問状況によってもバラツキが出るから、なかなか簡単に結論は出せないだろうがね。

少なくとも注目すべき点は、男女共に、圧倒的に「マニア」の得点率が高いということだ。要するに、恋しているカップルは、一種の熱狂状態にあるということだよ。

マスター　大学時代、ボクが恋していた頃は、胸が高まって、その相手のことで頭が一杯になって、いてもたってもいられないような気持ちが、寝ても覚めてもずっと継続していたものです。

アイ　マスターって、すごい情熱家だったんですね！

先生は、「恋愛」をどのようにお考えになりますか？

名誉教授　医学生理学的な言語を用いるならば、「君は恋をしている」と言う代わりに、「君の脳内では、ドーパミンとノルエピネフリンの分泌量が増加し、セロトニンの分泌量が低下した状態にある」と表現すべきだろう。

マスター　なんですって？

名誉教授　一九九六年から一九九九年にかけて、ラトガース大学の人類学者ヘレン・フィッシャー、アルバート・アインシュタイン医科大学の神経生理学者ルーシー・ブラウン、ニューヨーク州立大学ストーニーブルック校の心理学者アーサー・アーロンらが、恋愛中の大学生を対象に、血中ホルモン分析および脳スキャンに基づく大がかりな共同調査を行ったことがあってね。

心理カウンセラー　有名な調査ですね。私もよく存じております。

名誉教授　その結果、彼らは、主として三つの化学物質が、いわゆる「恋愛感情」を引き起こしていることを発見したんだよ。

第一の化学物質は「ドーパミン」だ。脳内ドーパミン濃度が上昇すると、集中力が高まって、思い入れが深くなり、いわば「胸が高まって」たまらない状態になる。一心不乱に相手のことを思いつめて、執拗《しつよう》に相手を求める一方で、要求が満たされないと不安になり、さらにドーパミンが分泌されるという循環が生じる。ドーパミンは、テストステロン値も上昇させるから、もちろん性的欲求の度合いも強くなる。

第二の化学物質は、ドーパミンから派生する「ノルエピネフリン」だ。脳内ノルエピネフリン濃度が上昇すると、ヒトは一種の躁状態になり、「いてもたってもいられないような気持ち」になる。エネルギーに満ち溢《あふ》れて活動的になる一方で、食欲は減少し、夜も眠れなくなる。ノルエピネフリンには、新皮質の記憶を刺激する作用があるから、相手の行動を細かく思い出し、一緒に過ごした時間を反芻《はんすう》して、その気持ちが「寝ても覚めてもずっと継続する」ような心理状態が生じる。

第三の化学物質は、セロトニンだ。この物質は、脳内でドーパミンとノルエピネフリンの分泌量が増加すればするほど、化学的に反比例して減少する。脳内セロトニン濃度が低くなると、高揚感が高まって、強迫観念を抱き、白日夢にひたるような傾向が生じる。いわば「その相手のことで頭が一杯になって」いるわけで、これはセロトニン濃度の低下に起因する状態だと考えられる。

心理カウンセラー　別の恋愛中の男女の調査によれば、「起きている時間の九〇パーセント以上も相手のことを考えている」という回答も出ているくらいですからね。

名誉教授　マスターは、「胸が高まって、その相手のことで頭が一杯になって、いてもたってもいられないような気持ちが、寝ても覚めてもずっと継続」すると描写した。まさに、「恋愛感情」に支配されている時点の脳内では、神経生理学的な現象が生じているわけだ。

実は、ドーパミンとノルエピネフリンの分泌量は「躁鬱《そううつ》症」と深く関係し、逆にセロトニンの濃度低下は「強迫神経症」を引き起こすことがわかっている。実際に、強迫神経症の治療に用いられる「プロザック」や「ゾロフト」は、いわゆる「選択的セロトニン再取り込み阻害薬」で、脳内セロトニン分泌を促進する薬なんだよ。

心理カウンセラー　たしかに、神経生理学的には、そのように解釈できますね。ただし、恋愛問題で悩んでいる人に心理カウンセリングでそんな話をしたら、クライアントが気絶しそうですが……。

名誉教授　あははは、そうかもしれない。しかし、「軽い躁鬱症と強迫神経症の合体した一種の中毒症状」こそが「恋愛」だというのが、私の正直な解釈だよ。

もちろん、それがどれだけ重症になるのかについては、いろいろと個人差があるだろうが……。

マスター　ボクも以前から、「恋愛」は一種の中毒のようなものだとは思っていましたが、そこまで脳内の化学物質に支配されているとは驚きです。ということは、中毒症状の継続する期間も決まっているんですか？

名誉教授　その点についても個人差があるから、一概には言えないが、基本的に強い「恋愛感情」が継続する期間は、フィッシャーらの調査では、最長でも十二カ月から十八カ月の間だという結果が出ている。

この期間を過ぎると、脳内のドーパミンとノルエピネフリンの分泌は正常値に戻り、それと同時にセロトニンの取り込み阻害も減少するといわれている。

心理カウンセラー　たとえば、交際を始めた当初は、デートの前日から心臓がドキドキするような相手であっても、十八カ月を過ぎた頃には、その相手と実際に会ってさえ、心臓の鼓動に変化はなくなっているということよ。

アイ　「恋愛」がそんなに儚《はかな》いものだったとは……。

■ペックの「恋愛意志論」

マスター　つまり、ボクらは、それぞれの文化圏における幼少期からの刷り込みによって一定の「嗜好性」を持つようになり、思春期以降に「嗜好性」にフィットした相手と出会うと条件反射が起こり、脳内の化学物質に変化が生じて一種の中毒症状に陥る。それが「恋愛」だということですか？

心理カウンセラー　現代科学が解明している「恋愛」とは、そういう現象を指すことになるでしょうね。

アイ　でも、その「恋愛」の中毒症状は、一年半くらいで終わってしまうんですよね。その後も愛し合っている人たちのことは、どのように考えればいいんですか？

心理カウンセラー　それは大事なポイントね。私が心理カウンセリングでよく引用するのが、「本当の愛が始まるのは、恋から醒《さ》めたときである」という心理学者スコット・ペックの言葉なの。

ペックは、ベトナム戦争当時のアメリカ陸軍医局に所属し、九年間にわたって徴兵された若者たちの精神分析を行った医師でね。一九七八年に『愛と心理療法』というベストセラーを書いたんだけど、実は私は彼の本に感動して、心理カウンセラーを目指すことにしたのよ。

ペックは、恋人同士が一つに融合する「恋愛」の原点には、母親と一体だった頃の思い出があると考えたの。だから「恋愛」に陥ると、「一体感と共に、子どもからおとなになる間に諦《あきら》めねばならなかった全能感が再体験される。どんなことでもできるような気がする！　愛する人と一緒ならば、どんな障害も乗り越えられると思う。……未来は光輝いている」という高揚感に満たされるわけね。

ところが、「恋人同士の幻想的な一体感にも現実が入り込んでくる。遅かれ早かれ日常生活の諸問題に直面して、再び個人が自己主張するようになる」と彼は言う。おもしろい分析でしょう。

マスター　「幻想的な一体感」には、終わりが来るわけですね。

心理カウンセラー　そのとおりよ。実は、私も二年前に婚約したフィアンセがいるんだけど、ちょうど今がそんな状況で、最近はケンカばかり……。

アイ　どういう方なんですか？

心理カウンセラー　最初は、すごく優しくてユーモア溢れるアメリカ人だと思ってたんだけど、一緒に暮らし始めると、お互いに価値観や倫理観の相違が見えてきてね。しかも彼は、それを頑固に変えようとしないのよ。私もだけどね……。

マスター　異文化の相手と交際するのは楽しそうですが、実際に国際結婚すると大変そうですね。

衣食住のような目に見える文化的相違は我慢できても、子どもの教育方針や親の面倒をどう見るかとか、最後はお墓をどうするかで揉《も》めるみたいですよ。ボクの叔母《おば》はドイツ人と結婚してベルリンに居たんですが、結局、離婚して帰ってきましたよ。

ところで、そのお相手は、どんな仕事をしていらっしゃるんですか？

心理カウンセラー　それが、同僚の心理カウンセラーなの。お互いに手の内がわかっているから、話し合っても埒《らち》が明かないのよ。笑っちゃうでしょう？

アイ　心理カウンセラー同士のカップルですか！

心理カウンセラー　ペックが見事に描写しているわ。

「彼女は映画に行きたいのに、彼は行きたくない。彼は貯金したいのに、彼女は皿洗い機がほしい。彼女は自分の仕事について話したいのに、彼もまた自分の仕事のことを話したい。彼女は彼の友人が気に入らないし、彼は彼女の友人が気に入らない。二人共、心の底では自分と愛する人がひとつでないことに気がついて、うんざりし始める」

マスター　「恋」の終わりですね……。

心理カウンセラー　その結果どうなるか、ペックは次のように書いているの。

「愛する人にも、自分とは異なるその人独自の欲求、好み、偏見、そしてタイミングのあることがわかってくる。ひとつずつ、次第にあるいは突然に、自我境界は元の場所に収まる。次第にあるいは突然に、恋からさめるのである。今一度彼らは二人の別々の個人になる。この時点で、彼らは関係を解消するか本当の愛の作業を始めるかの、どちらかになる」

アイ　「本当の愛の作業」を始めるためには、どうすればよいのでしょうか？

心理カウンセラー　ペックは、そこに「意志による選択」が必要だと述べているわ。「本当の愛は、愛の感情の欠けている状況で、つまり愛している感じがないにもかかわらず、愛をもってふるまう時にしばしば生じる」とね。

マスター　すでに「恋愛感情」がなくなっているのに、故意に「愛をもってふるまう」ことが「愛」だというわけですか？

心理カウンセラー　逆説的だけど、そういうことなのよ。

ペックによれば、「純粋な愛は、情動的というよりも意志的である。本当に愛する人は、愛する決意に基づいて愛する。こういう人は、愛の感情のあるなしにかかわらず、愛することに真剣に関わっているのである。愛の感情のあるにこしたことはない。だが、ない場合にも、愛の関与、愛の意志はなお存在し働いている」と述べているの。

アイ　「愛」は「意志」に基づく決断……。

心理カウンセラー　この考え方は、アメリカのようなキリスト教社会には、非常に浸透しやすいのよ。教会の結婚式では、神の面前で二人は永遠に愛し合うことを「誓う」でしょう。これは、感情ではなく、意志の力で誓いを立てるということを意味するのよ。

仮に男性が、結婚後に、妻よりも感情的に惹かれる女性と出会ったとしても、その男性は「意志」の力によって流されない。それこそが「愛」だというのが、ペックの考え方ね。

マスター　そういえば、ボクの甥《おい》が高校生で、大学受験の小論文を見てやっているんですが、その中に次のような問題がありましてね。

問題：あなたにはこれまで3年間真剣なお付き合いをしてきて、来年ぐらいに結婚を約束している彼ないし彼女がいるとします。ところが2カ月前にふとしたことで知り合った別の人が好きになってしまい、今付き合っている人と別れる決心をしました。600字以内で別れの手紙を書いてください。
（愛知医科大学「二次試験二日目小論文」二〇一五年）

医科大学だから、受験生のコミュニケーション能力を測ろうとしているんでしょうが、この登場人物の行為自体、ちょっと無責任すぎませんか？

心理カウンセラー　ペックによれば、そもそも「ふとしたことで知り合った別の人が好きになってしまい」ということがないように、意志の力で踏み止《とど》まることこそが「愛」なのよ。だから、この登場人物は、「3年間真剣なお付き合いをしてきて」と言っているにもかかわらず、相手に対しては真の「愛」がなかったと解釈せざるをえないわね。

作問したのは医科大学の教授なんだろうけど、いったい受験生に何を書かせたいのかしら？ この作問者の心理カウンセリングが必要かもしれないわね……。

マスター あははは、たしかにそうですね！

でも、登場人物の行為が矛盾しているにもかかわらず、その軽率な行為を容認したうえで手紙を書けというんだから、甥に解答を教えてくれと言われたときにも困りましたよ。

アイ それで、どうしたんですか？

マスター 問題を変形してね、医者が患者に間違いを真摯《しんし》に謝罪しなければならないという医療問題に変更して、こちらを解いてみろと言っておいたよ。

> 問題：あなたは、ある患者の主治医だとします。あなたは、この患者の病気をX病と診断して、これまで3年間真剣に治療を行い、来年には手術を行う予定でした。ところが2カ月前にふとしたことで、この患者はX病ではなくY病だということに気づき、治療方針を根本的に変えることにしました。６００字以内で謝罪の手紙を書いてください。

■ハイダーのバランス理論

アイ　うふふふ、マスターの発想は、おもしろいですね。

それにしても、ペックの考え方はすばらしいとは思うんですが、人間の「意志」の力は、そんなに強いものなのでしょうか？

たとえば、ケンカはしないと「意志」で決断しても、相手と会うと、ついケンカをしてしまうのが人間ではないでしょうか？

心理カウンセラー　現実には、そのとおりなのよ。心理カウンセラーの私でさえ、実際にはそうなんだから、やはり笑っちゃうわね……。

アイ　先生も、愛は「意志」による決断だと思われますか？

名誉教授　現実問題としては、相手次第だろうね。というのも、「恋愛関係」は二人で成立する概念だから、一人の「意志」だけではどうにもならない状況が生じるケースは幾らでも考えられる。

その意味では、むしろ人間関係の「均衡」あるいは「安定」という概念を考える必要が出てくるだろう。これは、組織論やゲーム理論など、自然科学のさまざまな分野にも登場する概念でね。たとえば、紅茶に砂糖を入れ続けると、ある時点で化学的に「均衡」な状態になり、砂糖はそれ以上溶けなくなって沈殿し、紅茶もそれ以上は甘くならなくなる。

それと同じように、人間のカップルも「均衡」状態に移行する傾向があると考えたのが、カンザス大学の社会心理学者フリッツ・ハイダーだ。彼の提唱した「認知的均衡理論」は、「バランス理論」とも呼ばれる。


心理カウンセラー　久し振りにハイダーの名前を聞きましたが、そう言われてみれば、彼の発想は、社会的認知理論の原点ともいえますね。

ハイダーの理論は、一般に「P（主体）・O（他者）・X（対象）」のモデルで説明されます。たとえば、P（男）、O（女）、X（ワイン）としましょう。さらに、この男女はお互いに愛し合っていて、男はワインが好き、女はワインが好きではないとします。

ここで、良好な関係を「＋」、良好でない関係を「－」で表すと、この三者の状況は、PO＝「＋」、PX＝「＋」、OX＝「－」で表されるでしょう。

名誉教授　そこで斬新《ざんしん》なのは、ハイダーが、その三つの関係を掛け合わせて「－」になる状態を「不均衡」、「＋」になる状態を「均衡」と定義した点でね。これで「均衡」と「不均衡」が論理的に定義されたわけだ。
そのうえでハイダーは、「不均衡」な人間関係は、「均衡」状態に必ず移行するという仮説を立てた。

マスター　なるほど、それはおもしろい！

今の例では、三つの関係はPO＝「＋」、PX＝「＋」、OX＝「－」だから、プラス掛けるプラス掛けるマイナスで、答えはマイナスの「不均衡」状態にある。だから、女性もワインを好きになればいいんでしょう?!　そうすれば、すべてプラスになるから、均衡状態になる。

心理カウンセラー　長く連れ添った夫婦は、趣味も似てくるとよく言われるでしょう。最初はワインが苦手だった女性も、一緒に居る男性がいつも飲んでいるのを見て、少し飲み始めるうちに、好きになるというケースね。

アイ　逆に、男性が女性に気を遣って、ワインを好きでなくなるケースもありますよね。この場合は、PO＝「＋」、PX＝「－」、OX＝「－」なので、プラス掛けるマイナス掛けるマイナスで、やはり答えはプラスになります。

マスター　たしかに。もう一つ可能性があるよ。男性はあくまでワインが好き、女性はあくまでワインが嫌いと主張し続けて、結果的に二人が別れるケース。この場合、PO＝「－」、PX＝「＋」、OX＝「－」なので、マイナス掛けるプラス掛けるマイナスで、やはり答えはプラスになります。

名誉教授　まあ、飲み物程度だったら、お互いに自分の趣味で飲んでも問題ないだろうが、二人で一つに決めなければならない生活上の問題に対しては、どちらかが相手に譲る「均衡」状態に移行するのが難しいケースも増えるだろう。

心理カウンセラー　だから、アメリカは離婚率も高いんですよね。

私と婚約者の状況も、もう一度よく考えてみなければ……。でも、今夜は、すごく有意義なカウンセリングを受けた気分です。どうもありがとうございます。

マスター　ワインといえば、先生。今日は叔父《おじ》が置いていった秘蔵のワインを出しましょう！

名誉教授　これは、二〇〇九年の「ドメーヌ・ド・ラ・ロマネ・コンティ」じゃないか！

マスター　「ロマネ・コンティ」より多く製造されているコルトンですが、ファースト・ヴィンテージですよ。価格の高騰を抑えるため、五年以内には転売しない約束で関係者だけに売られたものを叔父が手に入れたそうです。

アイ　綺麗《きれい》なルビー色！

心理カウンセラー　今夜はもっと、愛について語り合いましょう！

名誉教授　それでは、世界で活躍する心理カウンセラーに乾杯しよう！

一同　乾杯！

第五夜　「同性愛」と「同性婚」〈社会学的アプローチ〉

マスター　いらっしゃいませ。

名誉教授　こんばんは。やっと涼しくなってきたね。

アイ　コスモスが咲き始めて、もう秋ですね。

名誉教授　この季節になると、なぜか私は元気が出るんだよ。研究も大いに捗《はかど》るし、実に気持ちのよい季節だ。

　サイドカーを貰《もら》おうかな。

マスター　かしこまりました。

ピアニスト　サイドカーって、ブランデーベースでしたよね。私もいただこうかしら……。

マスター　かしこまりました。先生、こちら心理カウンセラーさんの紹介でいらしたピアニストさんです。

アイ　さきほどから私、見とれていたんですが、本当に綺麗《きれい》な手ですね。指が真っ白で長くて、ネイルも上品なコスモス色で、そのままネイルモデルができそう……。

ピアニスト　褒めてくれて、どうもありがとう。手や指は演奏中も注目されるし、生徒さんを指導するときにも見られるから、気を遣うようにしているんですよ。

名誉教授　ピアノというと、クラシックですか？　それともジャズ？

ピアニスト　クラシックです。一応、公立楽団に所属しているんですが、演奏会だけでは食べていけないので、ピアノの指導もしています。

名誉教授　そういえば、さきほど書店にいたら、ショパンの「雨だれのプレリュード」が流れてきてね……。

ピアニスト　書店にピッタリの曲ですね！　ショパンは「ピアノの詩人」とも呼ばれる作曲家ですから、ノクターンやワルツも綺麗な曲ばかりですよ。私も大好きで、よく弾きます。

マスター　他には、どういう曲を弾かれるんですか？

ピアニスト　レパートリーは広いですよ。とりあえず何でもこなさなければならないので……。

オーケストラでは、ベートーベンにチャイコフスキー、ドボルザークにドビュッシー、ヨハン・シュトラウスにガーシュウィンのピアノ協奏曲……。もちろん、ソナタも弾きます。

苦手なのは、ラフマニノフとリストかな、どちらも難解すぎて。とくにリストの「超絶技巧練習曲」になると、ピアニスト泣かせですね。

名誉教授　「超絶技巧練習曲」とは、名前からして敬遠したくなりますね。ラヴェルやスクリャービンの中にも、実際に弾くのは至難の業と思える曲がありますね。

やはりプロのピアニストともなれば、訓練は欠かせないでしょう。

ピアニスト　そうですね。毎日ピアノに向かっていないと、すぐに指が動かなくなります。今日もリハーサルで三時間くらい弾いてきましたが、ホールは音が響くので気持ちいいですよ。

アイ　演奏会で拍手喝采《かっさい》を浴びるなんて、ステキですね。羨《うらや》ましいなあ。

ピアニスト　でもね、ピアノ協奏曲でミスしたりすると、オーケストラ全員に迷惑かけてしまうから、内心はヒヤヒヤして、ドキドキしているのよ。

たまに私が満足に演奏できたと思ったら、ホルンやビオラがズレたりして、本当にオーケストラの演奏を完成させるのは難しいですね。私が指揮者だったら、胃が痛くて、とても務まらないと思います。

アイ　何歳くらいからピアノを始めたんですか？

ピアニスト　私は五歳よ。両親の仕事の関係で、生まれてから七歳まではウィーンにいたんですが、ほとんど記憶がなくて……。

ただ、ピアノの練習が終わると、母が「カイザーシュマーレン」を食べさせてくれたことは覚えています。

名誉教授　オーストリアでデザートといえば、「カイザーシュマーレン」すなわち「皇帝のパンケーキ」ですね。

ピアニスト　フワフワのパンケーキにナッツとフルーツが入っていて、それを細かく割って、アップルソースかクランベリーソースのどちらかを掛けて食べるんですが、すごく美《お》味《い》しいんですよ。

そのご褒美が楽しみで、一生懸命ピアノの練習をしたことを覚えています。ピアノの鍵《けん》盤《ばん》をしっかり押せるようになるのは四歳といわれていますが、私の三歳の娘には、もう始めさせていますね。

アイ　お嬢さんがいらっしゃるんですか?!　とても、ご結婚されているようには見えないですけど……。

ピアニスト　うふふ、結婚はしていないのよ。それに私のパートナーは女性だから、娘からすれば、家にママが二人いるようなものらしいわ。

日本でも「同性婚」ができればいいんですけど……。

■同性婚

マスター　「ママが二人」？　「同性婚」ですって？

名誉教授　「同性婚」というのはね、文字通り男性と男性、あるいは女性と女性の同性者同士が結婚することだ。日本では認められていないが、同性婚を容認すべきだという動きは、世界各国で盛んになっている。

日本で結婚と言えば、「日本国憲法」第二十四条第一項に「婚姻は、両性の合意のみに基いて成立し、夫婦が同等の権利を有することを基本として、相互の協力により、維持されなければならない」と規定されている。この「両性」が一般には「男性」と「女性」と解釈されるため、結婚も「男性」と「女性」の間に交わされる関係とみなされているわけだ。

結婚は「婚姻届」を役所に提出することによって民法上で成立し、戸籍上で両者の関係は公証され、同氏を名乗る権利をはじめ、財産・保険・年金・税金・居住・育児などに関わる優遇措置が受けられる。

マスター　逆に言うと、日本の同性愛者は、それらの優遇措置を受けられないわけですね。

名誉教授　そこが問題になっているんだよ。

そもそも人間を「男性」と「女性」に二分化し、その性別に応じて特定の社会的役割を規定し、この両性にしか婚姻関係を認めないとする「ジェンダー」概念そのものを、「偏見」や「差別」とみなす考え方が世界的に強くなってきているわけだ。

アイ　「ジェンダー」とは、どういう意味でしたっけ？

名誉教授　一般に「生物学的な性別」を「セックス」と呼ぶのに対して、「社会的・文化的に形成された性別」を「ジェンダー」と呼ぶ。「男だから男らしくしなければならない」とか「女だからお淑《しと》やかでなければならない」などといった偏見は、その社会・文化における「ジェンダー」概念によって生じるわけだ。

「セックス」については、性器の形状や、遺伝子レベルではXX染色体かXY染色体かで二分化されてきたんだが、その分類とは異なる「性自認」があれば、「性同一性障害」あるいは「トランスジェンダー」ということになる。「身体的な性」と「心の性」が一致しない場合の医学的診断名で、カウンセリングやホルモン療法、性別適合手術などが行われている。

そのうえで考慮しなければならないのが「セクシャリティ」あるいは「性的嗜《し》好《こう》性」で

ね。多くの男性は女性、女性は男性に性的魅力を感じるが、そうではない少数の人々も存在する。男性に性的魅力を感じる男性を「ゲイ」、女性に性的魅力を感じる女性を「レズビアン」、両性に性的魅力を感じる両性を「バイセクシュアル」と呼ぶ。

ピアニスト　「LGBT（Lesbian Gay Bisexual Transgender）」という言葉を聞いたことがあるでしょう。私たちのような「レズビアン・ゲイ・バイセクシュアル・トランスジェンダー」はまとめて「性的マイノリティ」と呼ばれているんだけど、とくに現在の日本では、いろいろな意味で虐げられているんです。

名誉教授　二〇〇一年四月、世界で最初にオランダが、「異性婚」と同等の権利を「同性婚」に認める「同性婚法」を施行した。二〇〇三年六月にベルギー、二〇〇五年七月にカナダとスペイン、二〇〇九年一月にノルウェー、二〇〇九年五月にスウェーデンも同じような法律を施行した。

二〇一〇年代には、イギリス、フランス、ドイツなど「同性婚法」を制定する国が一挙に増えて、二〇一八年一月時点で、同性婚を承認しているのは二十四の国と地域に達している。

また、「同性婚」で問題視される「養子縁組権」や「遺産相続権」などの一部の権利を除いて、異性婚で認められる権利の大部分を同性者カップルに保障する「登録パートナーシップ制度」も含めると、約四十の国と地域に広がっている。

マスター 中心はヨーロッパですね。アメリカでは、どうなっているんですか？

名誉教授 アメリカ合衆国では、州によって「州法」が異なるから、ちょっと複雑でね。

まず二〇〇三年、マサチューセッツ州の最高裁判所が、「同性婚」を認めないのは「何人も法の下で等しく保護される」という州憲法に違反するという判決を下し、翌年からアメリカ合衆国内では初めて、州民の「同性婚」を認めるようになった。

二〇〇八年五月には、カリフォルニア州の最高裁判所も同じ理由によって「同性婚」を容認する判決を下した。アーノルド・シュワルツェネッガー知事は、州民に限らず誰にでもオープンに「同性婚」を公証する方針を打ち出したため、「結婚証明書」を求める同性愛者が世界中からカリフォルニア州に集まって、大騒ぎになった。

それに対して、「神聖な結婚」は男女間にしか認められない、あるいは子孫繁栄に結びつかない「同性愛」そのものが「自然の摂理に反する」などと強く批判する見解も根強くてね。

とくにキリスト教やユダヤ教の保守派や伝統主義者を中心とするグループは、「結婚は男女間の結びつきである」という条項を改めて憲法に加筆すべきだとする百十万人以上の署名を集めて、新たな改憲法案をカリフォルニア州当局に提案した。

■提案八号

マスター　つまり、「同性婚」に反対する法案ということですね。

名誉教授　そのとおり。この提案は、カリフォルニア州で「提案八号（Proposition 8）」と呼ばれ、二〇〇八年十一月の大統領選挙と同時に住民投票で決議されることになった。

当時、ちょうど私はカリフォルニアに滞在していたんだが、双方の陣営が、さまざまな団体から莫大《ばくだい》な資金援助を受けて、大掛かりな宣伝活動を行っていてね。

同性婚反対派は、教会関係者や保守派層から二千八百五十万ドルの寄付金を集めたと宣言した。一方、俳優のブラッド・ピットや映画監督のスティーブン・スピルバーグが、同性婚賛成派に各々十万ドルを寄付したことも話題になった。

カリフォルニア州のテレビでは、連日のように改憲法案に賛成投票か反対投票を求めるキャンペーンのコマーシャルが流されていたよ。

アイ　どんなコマーシャルなんですか？

名誉教授　同性婚反対派のコマーシャルでは、小学生の女の子が家に帰って来て、『王様と王様』という題名の絵本を母親に見せる。そして、「今日学校で何を習ったと思う？王子様と王子様が結婚するお話よ。私だってお姫様と結婚できるわね！」と母親に言うんだ。

驚いた表情の母親のアップに続いて、法律家が登場し、すでに同性婚の承認されているマサチューセッツ州では、実際に小学校二年生に男性と男性の結婚の話が教えられていると説明する。しかも、同性婚の学校教育は「法的」に擁護されているため、両親には教師に抗議する権利さえ与えられていないと述べて、視聴者の危機感を煽《あお》るわけだ。

マスター　そうか！　もし法的に「同性婚」を承認したら、子どもの絵本にしても、男性と女性だけではなくて、男性と男性、女性と女性のカップルの組み合わせも示さなければ、不公平になるというわけですね。

名誉教授　昔の論文の人称代名詞は“he”だったが、現代は“he or she”に変遷したのと同じようなものだね。

「同性婚」を承認する社会になれば、「夫婦」が“he and he”と“he and she”と“she and she”の三種類のカップルを指すことを示すために、新たな表記が求められるだろう。

最近の日本では、ＬＧＢＴへの差別をなくそうと、「性別」を決めつける言動を避ける方針を職員に示している地方自治体もある。たとえば、二〇一八年四月、千葉市は、「夫」や「妻」ではなく「配偶者」や「パートナー」、「お父さん」や「お母さん」ではなく「保護者の方」か「ご家族の方」のように表現する指針を職員に示した。

ピアニスト　あまり意識していませんでしたが、平等性を保つためには、いろいろな改革が必要なんですね……。

名誉教授　一方、同性婚賛成派のコマーシャルには、来年の夏に結婚するという若いカップルが登場する。二人は、共に愛し合っていると少し恥ずかしそうに言って、明るく笑うんだ。

しかし、そこで少し表情の曇った男性が、「もし四十年前だったら、僕らは『法的』に結婚できなかったんだ」と言う。なぜなら、彼は「白人」で彼女は「黒人」だから。

そして、現代社会で「同性婚」を禁止することは、かつて異人種や異民族間の結婚を禁止したのと同じ「差別」ではないかと主張するわけだよ。

マスター　どちらの主張も、わかる気がしますね。

ただ、ボクは「同性愛」は自由だと思いますが、「同性婚」まで社会的に容認する必要があるのかどうか、ちょっと迷いますね。子どもの問題もあるし……。

それで、住民投票の結果は、どうなったんですか？

名誉教授　改憲に賛成が五二・三パーセント、反対が四七・七パーセントで、カリフォルニア州における同性婚は、再び禁止されることになった！

その結果、二〇〇八年にカリフォルニア州で認定された一万八千組の同性婚カップルの権利についても棚上げにされたんだよ。

マスター　カリフォルニア州の「提案八号」は可決されたわけですか！　それと同時に、バラク・オバマ大統領が誕生したんですよね。

名誉教授　二〇〇九年一月二十日、アメリカ合衆国第四十四代オバマ大統領が就任演説を行った。彼はその中で、「六〇年足らず前だったらレストランで食事をすることさえ許されなかったかもしれない父親を持つ男が、今、最も神聖な宣誓を行うために、あなた方の前に立つことができた」と述べた。

「人種的マイノリティ」の壁を打ち破ってアメリカン・ドリームを実現させたオバマ大統領に力づけられた「同性婚」賛成派は、カリフォルニア州の最高裁判所の判決に相反する「提案八号」を決議した住民投票自体が無効だと、改めて最高裁判所に申し立てた。

しかし、二〇〇九年五月、最高裁判所は「同性婚」賛成派の訴えを退け、「提案八号」を有効とする判決を下した。ただし、住民投票前に婚姻届を提出した一万八千組の「同性婚」カップルの権利は認めたがね。

マスター　カリフォルニア州の住民は、思ったより保守的だったんですね。

名誉教授　ところが、「同性婚」賛成派も、それで引き下がりはしなかった。彼らは、カリフォルニア州を通り越して、アメリカ合衆国連邦裁判所に訴えた。

二〇一〇年八月、サンフランシスコ連邦地方裁判所は、「提案八号」は違憲であり無効とする判決を下したが、判決に対する差し止め請求権も同時に認めたため、カリフォルニア州では「同性婚」は合法であるにもかかわらず、実際の婚姻届は受理されないという奇妙な事態に陥った。

その後も法廷闘争は続いたが、二〇一三年六月、ついに合衆国連邦最高裁判所は、サンフランシスコ連邦地方裁判所の判決を確定し、「同性婚」賛成派が勝訴、現在のカリフォルニア州では「同性婚」の受付が再開されている。

■各国の状況

アイ　「同性愛」をどのように社会で受け入れたらよいのか、難しいんですね。

名誉教授　そもそも異性ではなく同性に対する性的嗜好性に始まる「同性愛」には、歴史的にも数えきれないほど多彩な種類の関係があるから、とても一言では言い表せないんだが、明確に禁止している宗派や国は存在する。

『レビ記』第二十章には「男がもし、女と寝るように男と寝るなら、ふたりは忌み嫌うべきことをしたのである。彼らは必ず殺されなければならない」と記されている。この部分を重視するユダヤ教・キリスト教・イスラム教の宗派は、「同性愛」を完全なタブーと捉《とら》える。

イランやサウジアラビアでは、現在も「同性愛」であることが発覚すれば「死刑」に処せられる。イラクとシリアの一部地域を支配したイスラム国では、「同性愛」者がビルの屋上から突き落とされ、それでも息がある場合は、死亡するまで投石されるという公開処刑が行われ、その残虐性と人権侵害が世界中で非難された。

二〇一三年には、ロシアで「同性愛宣伝禁止法」が施行された。この法律は、「同性愛」を「非伝統的な性的関係」とみなし、これを未成年者に知らしめる行為を禁止するという法律で、違反者には最大百万ルーブルの罰金が科せられる。ロシア滞在中の外国人も処罰や国外追放の対象となるため、これも世界各国から批判を浴びた。

マスター　「未成年者に知らしめる行為」とは、何を指すんでしょうね。

名誉教授　具体的には、未成年者に「同性愛」を肯定的に語ることや「同性愛」をアピールするデモに参加するなどの行為を指すが、男性同士が手を繋《つな》いで歩くだけでも違法とみなされる可能性があるようだ。

もともとロシアは「同性愛」に否定的で、二〇一三年の「ロシア世論調査センター」の調査によれば、「同性婚」への反対はロシア国民の八六パーセントにも及ぶというからね。

ピアニスト　そんなに反対があるんですか？

名誉教授　その「ロシア世論調査センター」というのは、ロシアの政府系調査機関だから、数字を素直に受け取ってよいのかどうかは別問題だろうね。

なにしろ二〇一五年の「ロシア世論調査センター」の国勢調査によれば、ウラジーミル・プーチン大統領の支持率が九〇パーセントになっているんだから……。

マスター　独裁体制では、世論調査など当てになりませんよ。共産党独裁の中国では、全国人民代表大会の党代表支持率が一〇〇パーセントになるし、北朝鮮でも後継者の支持率が一〇〇パーセントという信じられない数字なんだから……。

名誉教授 二〇一七年六月には、ドイツ連邦共和国議会が「同性婚」合法化法案を、賛成三百九十三票、反対二百二十六票、棄権四票で可決した。一般的な民主主義国家では、このように票が割れるのが普通だろう。

この採決では、アンゲラ・メルケル首相が反対票を投じたことで話題になった。メルケル首相は、「キリスト教民主同盟」の党首であり、統一会派を組む「キリスト教社会同盟」の両党とも、宗教的理由から「同性婚」に反対してきた。さらに、彼女の父親は「ドイツ福音主義教会」の牧師でもあり、彼女は反対せざるをえない状況だったわけだ。

一方、メルケル首相といえば、ドイツで初の女性首相であり、理論物理学の博士号を持つ知識人としても知られる。彼女は、八人の子どもの里親になっているレズビアン・カップルの家に招待されて感銘を受けたとも述べていてね。この法案に対して、彼女は、各議員が「自身の良心に基づいて」投票すべきだと決定し、党議による拘束はしなかった。

マスター それが彼女のできる最大限の譲歩だったんでしょうね。

名誉教授 そのおかげで与党の票が流れて、法案が可決されたといわれている。

投票後、彼女は、「今日の投票が、異なる意見を尊重する態度を促進し、社会に団結と平和をもたらすことを願います」と述べている。

アイ　「異なる意見を尊重する態度」は、本当に大切ですね！

名誉教授　劇的なのは、二〇〇九年から二〇一三年までアイスランドの首相を務めたヨハンナ・シグルザルドッティルのケースだろう。

彼女は、大学を卒業後、航空会社の客室乗務員として働いていたが、その会社の労働組合で頭角を現し、現在の「社会民主同盟」の前身政党に入党した。この頃、男性と結婚して、二人の息子を出産したが、離婚した。

二〇〇九年には、レズビアンであることを公言し、そのうえで首相に選出された。二〇一〇年、アイスランド議会は、「同性婚」合法化法案を、賛成四十九票、反対〇票の満場一致で可決。

この法律が施行された六月二十七日、シグルザルドッティルは、女性の脚本家ヨニナ・レオスドッティルとの「婚姻届」を提出した。これによって彼女は、アイスランドの「同性婚」第一号の資格取得者となり、同時に「同性婚」をした世界初の国家首脳となったわけだ。

ピアニスト　ステキですね。私もそんな風に公言できたらいいんですが……。

■レズビアンの意味

マスター　ピアニストさんは、最初から女の子が好きだったんですか？

ピアニスト　いえいえ、学生時代は、普通に男の子が好きでした。音楽大学に進学しても、ピアノ科には女子が多いし、レズビアンの女子もいたんですが、その頃は、むしろレズビアンが理解できなくて、自分の中ではありえないと思っていましたね。

　大学を卒業して、バイオリニストと恋愛結婚して、娘が生まれて、そこまでは普通の人生でした。娘が一歳になった頃、公園で遊ばせていたら、すごくステキな女性が「可愛らしいお子さんですね」って話しかけてきたんです。そのとき生まれて初めて、心の底からドキドキしてしまって……。

マスター　その女性に一目惚《ぼ》れしたんですか？

ピアニスト　「一目惚れ」というのも少し違う感じですが、「自分は、本当は女性が好きだったんだ！」という衝撃的な自覚はありましたね。

　しばらくは自分の気持ちに戸惑っていたんですが、彼女と昼間に公園で会うたびに、彼女を愛する気持ちが強くなっていって……。

アイ　昼間に公園で？

ピアニスト　彼女は一級建築士で、昼休みに近くのレストランでランチを食べた後、公園を通るんです。その公園のブランコで子どもを遊ばせていた私と出会ったわけで、それが毎日のように続きました。

マスター　その当時は、結婚されていたんですよね。

ピアニスト　それもあって、一年間ずっと悩みましたが、最終的には、自分の気持ちを整理して、主人に正直に話しました。そして、心の底からゴメンねと頭を下げて、離婚してもらったんです。

　主人には、本当に申し訳なかったと思いますが、彼のためにも、私ではなくて、男性を愛せる女性を見つけてもらう方がよいと思ったから……。

マスター　もう男性は愛せないということですか？

ピアニスト　正直言って、ムリだと思います。今の私が女性に魅力を感じるのは、男性にはない女性らしさの部分なんです。女性ならではの言葉遣いや気遣い、仕草や動作、身体が柔らかくて優しいところなど……。

　もともと男性の力強さや攻撃的なところが苦手だったこともあるかもしれません。レズビアンの中には、ボーイッシュなルックスの女子もいますが、私はそういう女性には魅力を感じないんです。それだったら、男性と交際するのと同じじゃないかと思って……。

私は、綺麗な音楽が好きなのと同じような意味で、綺麗な女性が好きなんです。お互いにマニキュアやペディキュアをしたり、洋服を買いに行ったり、それを交換して着てみたり、何でも二人で一緒にできるでしょう。そういう繊細な愛が深まっていくと、もはや男性を恋愛対象として見ることができなくなるんです。

「異性愛」は、根本的に人間の遺伝子を残すための動物的な本能に支配されているような気がします。でも「同性愛」は、そういう本能から解放されて、パートナーを一人の人間として純粋に愛する行為のように思えるんですよね。

マスター　なるほど。レズビアンの「愛」が何なのか、初めて見えてきた気がします。それで、お子さんからすれば、家にママが二人という感じなんですね？

ピアニスト　もちろん、私が遺伝上のママではあるんですが、私がピアノに向かって練習しているときに、パートナーが料理を作ってくれたりすると、そちらの方がママに見えるみたいで……。

娘は、月に一度はパパと会っていて、自分にパパがいることはわかっているんです。でも、なぜ他の家庭とは違って、私たちがパパと一緒に暮らしていないのか？　なぜ家には、ママが二人いるのか？　きっと、三歳児の頭脳は混乱しているはずなのに、気を遣っているのか、尋ねてこないんです。

いつか、私たちがカップルであることを話さなければならないときが来るんですが、それが怖くて……。どうすればよいのか、不安なんですが……。

アイ　先生、どう思われますか？

■カミングアウト

名誉教授　一般に、「性的マイノリティ」が自分の性的嗜好性を周囲に伝えることを「カミングアウト」と呼ぶが、これは非常に「勇気」の必要な行動だといわれていてね。

その結果、もしかすると、家族から拒絶されるかもしれないし、友人を失うかもしれないし、学校や職場ではイジメにあうかもしれない。正直な自分をさらけ出すためには、そのリスクを乗り越える「勇気」が求められるわけだ。

マスター　もし彼らが自分の性的嗜好性を黙ってさえいれば、何のリスクを負うこともなく、いわば世間で「普通」に生きていけるわけですからね。

今日、ピアニストさんは、自分がレズビアンであることを率直に話してくださいましたが、そのことはオーケストラの関係者はご存知なんですか？

ピアニスト いえいえ、誰も知りません。一度、皆にカミングアウトしようと思ったこともあるんですが、元の主人に止められて……。

もし私がカミングアウトしたら、私たちの離婚の理由をアレコレと詮索《せんさく》されるのも嫌だったみたいですが、それよりも将来、娘が学校でイジメられるかもしれないというのが、大きな理由でした。

名誉教授 日本の一九九八年の全国世論調査では、「同性愛を一つの愛のあり方として理解できない」と答えた男性が七〇パーセント、女性が六〇パーセントも存在するからね。

二〇一〇年から二〇一四年にかけて世界各国で大掛かりに実施された『世界価値観調査』によると、同性愛に対する寛容度を一〇点満点で表した結果、スウェーデンが八・五点、オランダが七・九点、スペインが七・一点と高かったのに対して、日本は五・一点、韓国は三・五点、イスラム諸国は一点レベルだった。

あまり宗教的理由のないアジア圏で同性愛に対する寛容度が低いのは、「ホモフォビア(homophobia)」と呼ばれる「同性愛嫌悪」が原因だと社会学的に分析されている。「フォビア」は、ハッキリとした理由がないのに感情的に忌み嫌うという意味だ。

マスター　一種の「ヘイト」でしょう。最近では少なくなりましたが、以前は、お笑い芸人が、くだらない格好をして、テレビで「オカマ」だ「ホモ」だと茶化していましたからね。

その種の番組は、「同性愛者」は気色悪く、嘲笑《ちょうしょう》すべき存在だと、否定的なイメージを無垢《むく》な子どもたちに刷り込んでしまう。そんな子どもたちが大人になれば、当然のように、同性愛を嫌悪するようになるでしょうね。

名誉教授　この問題については、十八歳から八十二歳までの「同性愛者」が親や教師にカミングアウトした手紙を集めた『カミングアウト・レターズ』という本があってね。

その中に、三十二歳の息子が五十八歳の母親に書いた手紙がある。その手紙は、次のように始まっている。

「大好きな僕のお母さんへ。最近、会ってないけど元気ですか？　お母さんに手紙を書くなんて、記憶にない。この手紙を進めていくまえに、伝えたいことを先に書きます。「お母さん、僕を生んでくれてありがとう」。ただ、その一言です。今、ゲイに生まれ、生きている僕はとても幸せだよ。いろいろ大変なこともあるけど（笑）」

ピアニスト　その気持ち、私もまったく同じ……。

名誉教授　彼は、比較的早い段階で、自分の性的嗜好性に気付いていたようだ。「僕がゲイであることを考え出したのは、中学二年生のころでした。でも、僕はその時とっても悩んでいました。「これは思春期にありがちな同性への憧《あこが》れであり、僕はきっと女性が好きなんだ。そうに違いない」と。でも、僕はこの頃、同級生に「オカマ」っていじめられたこともあったから、「ああ、きっと同性を好きになるのは間違いなんだ」と思っていた」

多くの同性愛者は、自分の性的嗜好性を自覚するにつれて、それが周囲に受け入れられない「異常」な性癖だと苦悩するようになり、抑鬱《よくうつ》や不安感を抱く。

「その気持ちは、高校生になっても強くなるばかり。同性を好きになってはいけないと思うほど、心が反対の方向へ向かってしまう。そんな状態だったんだよね。知らなかったでしょ？　いつも心は切なく苦しかったんだ。今思うと。だってさ、好きな人に自分の気持ちを伝えられないなんて、あり得ないじゃない？」

ピアニスト　私は、大人になってから自分の真の性的嗜好性に気付いたんですが、その「切なく苦しかった」という気持ちは、痛いほどわかります。でも、私にはパートナーがいたから、乗り越えられたのだと思います。

名誉教授　その後、彼にもゲイの仲間ができて、自分の居場所が見つかったそうでね。彼は、次のように述べている。

「お母さんにカミングアウトしようと思ったのはね、僕がゲイの友人と遊ぶようになってから、とても毎日が楽しくて、以前考えていたような気持ちなんてまったく感じなくなったの。寂しさ、孤独感とか。そんな僕を家族で一番最初に伝えたかったんだよね」

そして彼は、ある日、母親に電話でカミングアウトした。

「でも、僕が勇気をだしてカミングアウトした時に、受け入れてくれてありがとう。電話でごめんね。本当はちゃんと会って話したかったんだけどね。「ゲイでも、あんたは私の子ども」と言ってくれたお母さんにとっても感謝をしています。だから今の僕があると思う」

マスター　「ゲイでも、あんたは私の子ども」か……。

息子のことを、心から愛している母親だからこそ、言える言葉ですね！

名誉教授　彼は、次のようにも書いている。

「でも、お母さんにカミングアウトした時は、僕はただ「ゲイとして生きているけど、僕はとっても幸せだよ」と伝えたかっただけなんだ。本当の僕を知ってもらいたかった。友人とは違って、家族は一生、一緒にいるでしょ？ だから、一生ウソつくなんて、僕にはできなかったし。そんな心苦しさもあったんだ。それは事実。やっぱり「母は強し」なんだね。お母さんを見ているとそれを実感します」

ピアニスト たしかに「母は強し」ですね！

名誉教授 その母親は、次のように息子に返信を書いている。

「今でも、あの時の私の判断は間違っていなかった、とそう思います。たとえあの時に私が泣いて怒って止めたところで貴方《あなた》の気持ちが変わるとは思えなかったし、絶縁したところでおたがい何もいい方向に行くとは思えない！ 本当に貴方にとって何が幸福なんだろうか？ と考えた時（もしかしてと私も考えていたから）、貴方は、親の所有物ではないし、子どもというより、一人の人間として考えなければいけない。と、私の結論は出ていたのかもしれない。だってあなたの人生なんだもの。私が背負っていけるわけでもないし、将来において責任も持てるわけでもないしね。世間の人がなんと言おうが、私の息子に変わりはない」

ピアニスト 立派なお母さんですね。社会の人々が皆、そういう風に受けとめてくれたらいいのに……。

アイ　私たちの世代も、「ホモフォビア」や「ヘイト」のない社会になるよう努力しなければなりませんね！

ピアニスト　わかってきた気がします！　私の娘が、「世間の人がなんと言おうが、私の母に変わりはない」と言ってくれるような母親になったとき、娘にカミングアウトすればよいわけですね！

マスター　先生、今日は叔父《おじ》が置いていった秘蔵のウィスキーを出しましょう！

名誉教授　これは、マッカランの一九七四年物じゃないか！

マスター　そうなんです。「マッカランの黄金時代」と呼ばれる一九七〇年代のシェリー樽《だる》の香りをお楽しみください。

ピアニスト　すばらしい香りですね……。

名誉教授　それでは、世界でカミングアウトする性的マイノリティに乾杯しよう！

一同　乾杯！

第六夜　「平等愛」と「新生児救命」〈医学的アプローチ〉

マスター　いらっしゃいませ。

名誉教授　こんばんは。クリスマス・シーズン到来で、少し寒くなってきたね。温かいカルア・ミルクを貰《もら》おうかな……。

マスター　かしこまりました。先生、このポインセチア綺麗《きれい》でしょう？　アイちゃんが買ってきてくれたんですよ。

アイ　苞《ほう》が真っ赤で、クリスマス・ムードを高めてくれる花ですね。ところが、お花屋さんで聞いてビックリしたんですが、ポインセチアの原産地はメキシコの熱帯地域で、園芸種は本当は寒さに弱いんですって。だから鉢植えにして、屋内に置かなければならないそうです。

それにしても、街中が賑《にぎ》やかなイルミネーションに彩られて、流れる曲もラブソングばかり……。この季節になると、恋人が欲しくなりますね……。

名誉教授　商業戦略だよ。クリスマスにバレンタインにホワイトデーと、寒い季節に若者の購買意欲を刺激しなければ、小売業は商売にならないだろう？

小児科医師　おっしゃるとおりですね。しかし、日本の若者は、もはやクリスマスに恋人とデートする元気さえ、なさそうですよ。

マスター　先生、こちらピアニストさんの紹介でいらした小児科のお医者さんです。ピアニストさんのお嬢さんを診てあげているそうですよ。

小児科医師　仕事柄、私は日本人の出生動向にも目を通しているんですが、二〇一五年の『第十五回出生動向基本調査』には、驚くべき結果が出ています。

日本全国の十八歳から三十四歳の未婚者に対する調査において、「交際している異性はいない」と回答した未婚者が、男性は六九・八パーセント、女性は五九・一パーセントもいたんですよ！

アイ　どうして男性の方が女性よりも一〇パーセントも多いんですか？　女性は交際していると思っているのに、男性は交際していないつもりだということ？

マスター　逆に考えると、一〇パーセントの女性が、二股《ふたまた》や三股をかけているプレイボーイに騙《だま》されているということじゃないかな？

アイちゃんも、見掛け倒しの男に騙されないように、気を付けなきゃ……。

アイ　私は大丈夫です！　それよりマスターじゃないですか、プレイガールに騙されそうなのは……。

小児科医師　『出生動向基本調査』は、国立社会保障・人口問題研究所が、日本人の「結

婚と夫婦出生力の動向ならびにその背景」を五年ごとに調査するもので、数値にも信頼がおけるはずですよ。

調査対象は、「国民生活基礎調査」で設定された調査区から無作為に選ばれた九百の調査区に居住する十八歳以上五十歳未満の独身者で、一万人以上に質問票を配布する大掛かりな調査です。母集団からランダムに抽出された標本の結果なので、男女の傾向に差異が生じる可能性もありますね。

過去三回の結果を詳しく見ると、二〇〇五年、二〇一〇年、二〇一五年において、十八歳から三十四歳の未婚者で「交際している異性はいない」と答えた男性は、五二・二、六一・四、六九・八パーセントと増加、女性も四四・七、四九・五、五九・一パーセントと増加の一途を辿《たど》っていることに間違いはありません。

マスター　「十八歳から三十四歳の未婚者」といえば、いわば「恋愛適齢期」に相当しますよね。その時期の男性が十名中七名、女性が十名中六名も、異性と交際していないとは、かなり衝撃的な数字じゃないですか！

逆に、異性と交際しているという回答は、どうなっているんですか？

小児科医師　回答の詳細を見ると、男性は、①「婚約者がいる」が一・六パーセント、②

「恋人として交際している異性がいる」が一九・七パーセント、③「友人として交際している異性がいる」が五・九パーセント、④「交際している異性はいない」が六九・八パーセントです。

女性は、①「婚約者がいる」が二・九パーセント、②「恋人として交際している異性がいる」が二七・三パーセント、③「友人として交際している異性がいる」が七・七パーセント、④「交際している異性はいない」が五九・一パーセントですね。

マスター　「恋人として交際している異性がいる」のは、男女とも、十名中二、三名に過ぎないということですか！

小児科医師　それにもかかわらず、男性の八五・七パーセント、女性の八九・三パーセントが、「いずれは結婚するつもり」と答えています。

結婚相手の条件として重視するのは、男性は、女性の①人柄、②家事・育児の能力、③仕事への理解、④容姿、⑤共通の趣味、⑥職業、⑦経済力、⑧学歴の順番。女性は、男性の①人柄、②家事・育児の能力、③仕事への理解、④経済力、⑤職業、⑥共通の趣味、⑦容姿、⑧学歴の順番になっています。

マスター　男女とも、お互いに「人柄」に次いで「家事・育児の能力」を求めているわけか。二人で一緒に家庭を築いていこうという「平等愛」が理想なんでしょうがね……。

■アファーマティブ・アクション

小児科医師　「平等愛」という言葉を聞くと、アメリカで盛んに議論されている「アファーマティブ・アクション（affirmative action）」を思い出します。

私はミシガン大学の大学病院で七年間、インターンの修行をしてきたんですが、何をするのにも「平等性（equality）」や「平等の権利（equal rights）」という言葉が付いて回っていました。

名誉教授　ミシガン大学といえば、国際学会で訪れた際に案内されて驚いたんですが、大学のフットボール・スタジアムが日曜日のゲームで超満員になって、アナーバーの街中が熱狂的な騒ぎでした！

小児科医師　「ミシガン・スタジアム」ですね。あのスタジアムは、定員十一万人ですから、東京ドームの二倍以上の観客を動員できます。そのサイズは全米トップで、試合開始前には、「アメリカ合衆国の中で最も多くの観客が同時にフットボールを観戦している場所にようこそ」と場内アナウンスされるのが慣例になっています。

ミシガン大学は、「パブリック・アイビー」とも呼ばれる名門校の一つで、図書館だけでも二十以上の建物があって、大学病院の設備も日本の国立病院機構に匹敵するレベルで驚きました。カリフォルニア州とミシガン州は、教育設備に積極的に投資することで知られていますが、日本とは桁《けた》違いの印象ですね。

アナーバーの街全体が大学と融合していて、研究するには最適な環境ですが、気分転換して遊ぶ所がなくて困りました。アナーバーは、デトロイトとシカゴの真ん中に位置するので、私は車で二時間かけて、シカゴに遊びに行きましたよ。

名誉教授　シカゴといえば、今でも私は、ダウンタウンで食べたTボーン・ステーキの味が忘れられないなあ……。

小児科医師　フィレとサーロインがT字形の骨を挟んでいるステーキですね。アメリカ人は大好きで、よくバーベキュー・パーティにも出てくるんですが、脂身の多いサーロインと少ないフィレは肉質が違うので、うまく両方に火を入れるのが難しくて……。

名誉教授　シカゴのレストランでは、シェフが次から次へと上手に焼き上げて、それがベルト・コンベアに何枚も並べられていてね。客は、焼き加減を見ながら、最も気に入ったステーキを選んで皿に取るという方式だったが、あれには、感動したね。

マスター　そこは、ぜひ行きたい！　何という名前のレストランでしたか？

名誉教授　それが、わからないんだよ。実は、シカゴ大学で研究発表が行われた後、ダウンタウンで道に迷っていたら、ステーキのいい匂いが漂ってきて、吸い込まれるように入った店なんだがね。

　テーブルに着席してみたら、周囲が全員、アフリカン・アメリカンだったから、少し驚いたよ。後で思えば、ダウンタウン南部のいわゆる「黒人街」に入っていたんだが、レストラン自体は高級店で、男女とも紳士淑女という感じだった。

アイ　私もそのレストラン、行ってみたいです！

　ところで、「アファーマティブ・アクション」って、何ですか？

小児科医師　日本語では「積極的格差是正措置」とか「少数者優遇制度」などと訳されるんだけど、実際には、そのように直接的に翻訳できる言葉ではなくて、ちょっと説明が難しいですね。

名誉教授　基本的には、アフリカン・アメリカンやネイティブ・アメリカンなどの人種的少数派、女性や心身障害者などの「社会的マイノリティ」に対して、歴史的に存在してきた差別を撤廃するために導入されたアメリカの政策のこと。

ただし、その是非をめぐって、長い間、議論が続けられているんだよ。

マスター　どういう政策が採られているんですか？

名誉教授　具体的には、政府機関や民間企業における雇用や昇格をはじめ、高等教育機関の入学審査などにも「社会的マイノリティ」を積極的に採用するという方針を設けること。

大学の入学基準を例に取ると、たとえば入学者の一〇パーセントは必ずアフリカン・アメリカンから優先的に合格させるという「割当制」や、アフリカン・アメリカンの受験生には自動的に入学試験の成績に二〇〇点を上乗せする「加点制」のような方式が取られてきた。

マスター　自動的に点数をプラスするなんて、アンフェアじゃないですか！

小児科医師　そこが、さきほど説明が難しいと話した点なんですよ。この制度は、アメリカの歴史的経緯から振り返ってみなければ、通常の感覚では理解できない面もあるので。

■「奇妙な果実」

名誉教授　そもそも、今から百六十年前のアメリカには「奴隷制」があったことを思い起こす必要がある。一八六〇年のアメリカ合衆国の「国勢調査」によれば、アフリカ出身の黒人奴隷が約四百万人も登録され、その九〇パーセント以上が南部に居住していた。

一八六一年三月、エイブラハム・リンカーンがアメリカ合衆国大統領に就任し、翌年九月に「奴隷解放宣言」を行った。これに猛反発した南部十一州が合衆国を脱退し、北部二十三州に敵対する内戦が始まった。

これが「南北戦争」だが、四年に長期化して激戦となり、一八六五年の戦争終結までに、両軍合わせて五十万人以上のアメリカ人が戦死したとみなされている。

北軍の勝利によって、黒人は、法的に最低限の人権を保障されるようにはなったが、参政権は認められず、住宅や財産の所有も制限され、公共機関やトイレなどでも白人から分離される「人種分離法」が確立されていた。彼らは、その後も百年近く、差別や偏見に苦しめられたわけだ。

小児科医師　象徴的なのが、一九五五年十二月一日夕刻、アラバマ州モンゴメリー市で起きた事件でしょう。
デパートの裁縫仕事を終えた黒人女性ローザ・パークスが、市営バスの座席に座っていたところ、次第に乗車客が混み合ってきました。そこで、白人運転手が、立っている白人に席を譲るように、黒人たちに大声で怒鳴ったんです。

着席していた四人のうち三人の黒人は、すぐに立ち上がって席を白人に譲りましたが、パークスだけは、毅然《きぜん》とした態度で、席を譲りませんでした。後に彼女は、その理由を、もはや「屈服させられることに耐えられなかった」からだと述べています。怒った運転手は、白人警察官を呼び、パークスは逮捕され、投獄されました。

アイ　バスの席を譲らないだけで、投獄までされたんですか？

名誉教授　それが、当時のアメリカだよ。一九四〇年代から五〇年代にかけて、南部では、黒人が白人のリンチにあって殺され、木にぶら下げられる事件が多発していたが、大多数の白人は、見て見ぬふりをしていた。

一本の木に、何人かの黒人の死体がぶら下がっている光景は、「奇妙な果実（Strange Fruit）」と呼ばれ、これが当時のジャズ・ヴォーカリストを代表するビリー・ホリディの歌になったわけだ。

“Southern trees bear strange fruit,
Blood on the leaves and blood at the root,
Black bodies swinging in the southern breeze,
Strange fruit hanging from the poplar trees”

マスター　訳してみましょうか。

「南部の木々は、奇妙な果実を付ける
血が葉を流れ、血が根に滴る
黒い身体が、南部のそよ風に揺れる
奇妙な果実が、ポプラの木々に吊《つ》るされている」

いやあ、実に陰惨な歌ですね……。

小児科医師　バスで席を譲らなかったパークスも、白人に襲われる可能性がありましたが、事件を知った黒人が集団で騒ぎ始めたので、結果的に彼女は、罰金刑で釈放されました。

マーティン・ルーサー・キング牧師は、この事件に抗議して、バスへの乗車ボイコットを市民に呼びかけました。この事件は、黒人ばかりでなく、他の移民や白人にも共感を呼び起こし、その後、三百八十一日間続いた「モンゴメリー・バス・ボイコット運動」に発展しました。

その運動の成果もあって、一九五六年十一月、連邦最高裁判所は、ついに「人種分離法」に違憲判決を下し、公共交通機関における人種差別を禁止しました。その後、パークスは、「公民権運動の母」と呼ばれるようになっています。

■「四〇ヤード」の認識

名誉教授　アメリカ合衆国内での人種差別を全般的に禁じる「公民権法」が成立したのは、一九六四年七月のことだ。

そして、ジョンソン大統領は、「アファーマティブ・アクション」の必要性について、次のように演説している。

「一〇〇ヤード競走で一人が足枷《あしかせ》を付け、もう一人は足枷のない状況を想像してみよう。足枷をはめた人が一〇ヤード走ったとき、もう一人の走者は五〇ヤードまで走っていた。この状況をどう是正するべきだろうか。足枷を外すだけでレースを続行させるのか。足枷を外すことで『平等の機会』が与えられたと言えるかもしれない。しかし、もう一人の走者は四〇ヤード先にいるのだ。足枷を付けていた走者を四〇ヤード進ませるのが公正というものではないのか。これが平等に向けてのアファーマティブ・アクションである」

マスター　考えてみれば、南北戦争当時の黒人は識字率も低かったし、その子どもたちも満足に教育を受けられない時代が百年近く続いたんですね。そのハンディを埋めなければ、出発点には並べないというわけか……。

小児科医師　ジョンソン大統領の演説でも示唆されているように、「アファーマティブ・アクション」は永久に続くものではありません。白人と黒人がお互いに「平等」な出発点に立つまでの「暫定的な措置」として、黒人を「四〇ヤード」進ませなければならないという趣旨なんですが、そこが説明の難しいところなんです。

名誉教授　ただし、その「四〇ヤード」を現実にどのように認識するのか、そこが議論になるポイントでね。

プリンストン大学の社会学者トマス・エスペンシェイドとチャン・チュンが、アメリカ東部のエリート校で知られる「アイビー・リーグ」の八大学の入学基準に用いられている内部資料を調査したところ、一六〇〇点満点の「大学進学適性試験（SAT: Scholastic Assessment Test）」に対して、白人学生の得点を基準値〇としたとき、「アフリカン・アメリカン」はプラス二三〇点、「ラテン・アメリカン」はプラス一八五点、「アジアン・アメリカン」はマイナス五〇点、「スポーツ特待生」はプラス二〇〇点、「卒業生子弟」はプラス一六〇点の平均修正点が加えられているという分析結果が出た。

アイ　アジアン・アメリカンは、点数を引かれているんですか？

名誉教授　一般にアジアン・アメリカンは、マジメで勤勉な学生が多いからね。こうしてでもバランスを取らなければ、アイビー・リーグの学生は、いつか全員アジア系になってしまうから仕方がないという話を、ハーバード大学の教授から聞いたことがあるよ。

マスター　それにしても、アフリカン・アメリカンには二三〇点もプラスするなんて、いくらなんでもアンフェアな気がしますよ。

小児科医師　しかし、その「アファーマティブ・アクション」のおかげで、一九七〇年代以降は「社会的マイノリティ」の大学進学率が飛躍的に高まり、学内でも人種的バランスが取れるようになってきたわけです。

　その頃の卒業生たちの活躍によって、かつては白人が独占していた医師・弁護士や大学教授・研究者などの専門職、あるいは政府機関職員や民間企業経営者にも、「社会的マイノリティ」が増えているわけですからね。

アイ　アメリカのテレビドラマを見ても、白人だけではなくて、アフリカ系やアジア系が必ずレギュラー・メンバーになっていますね。その方がバランスが取れているし、「平等」だと思いますから、私は「アファーマティブ・アクション」に賛成です。

■バッキ裁判とグラッター裁判

名誉教授　ところがね、「アファーマティブ・アクション」は、白人の基本的人権に対する「逆差別」だという考え方もあるんだ。この見解が最初に公に議論されたのが「バッキ裁判」だった。

白人学生のアラン・バッキは、一九七三年と一九七四年にカリフォルニア大学デイビス校医学部を受験したが、どちらも不合格だった。当時、医学部は、定員百名中十六名を「マイノリティ枠」に設定すると公示していたが、その枠の黒人合格者の点数は、バッキよりも遥《はる》かに低かった。

そこでバッキは、彼よりも入学試験の得点の低い学生が合格していることは、アメリカ合衆国憲法修正第十四条の「平等保護条項」に違反すると、大学当局を訴えたわけだ。

マスター　その気持ちは、よくわかりますね。大学は、あくまで入学試験の実力で合否を決定しなければ、アンフェアじゃないですか。自分よりも入試の点数の低い学生が合格していたら、怒って訴えるのは当然ですよ。

アイ　でも、カリフォルニア大学デイビス校医学部は、百名中十六名は「マイノリティ枠」から受け入れる旨を「学生募集要項」に明記していたんでしょう。

バッキは、自分が「非マイノリティ枠」の八十四名の範囲内で合格しなければならないことを理解したうえで受験して、その枠に入れずに不合格になったのだから、そこで大学を訴えるのは、間違っていませんか？

名誉教授　君たちの意見は、それぞれよく理解できる。一九七八年六月、連邦最高裁判所の九人の判事の意見も、真っ二つに割れたくらいだからね。

判事は五対四で、大学が入学者選抜の段階で「社会的マイノリティ」を考慮に入れることは合憲だとする判決を下した。ただし、機械的に「非マイノリティ枠」と「マイノリティ枠」の割合を設定するような方針は、今後廃止するように大学側に求めた。

一方、彼らは、五対四で、バッキが医学部に入学する権利を認めた。これによって、バッキは、実際に医学部に入学して、卒業することができたわけだ。

マスター　バッキは、入学できて、よかったじゃないですか！

名誉教授　それは、そうかもしれないが、判決そのものは「玉虫色」でね。その後、「アファーマティブ・アクション」をどのように実施すればよいのか、州や大学によって、全米各地でバラツキが出るようになってしまった。

バッキ裁判以降、アメリカの多くの州立大学は、「マイノリティ枠」の概念を「多様性の尊重」に置き換えるようになった。人種によって機械的に人数を割り当てる「マイノリティ枠」に違憲判決が出たため、「募集要項」には、その方針をもっとボカして、入学志願者の人種・民族的背景・出身地域・才能・経済力などを「総合的」に判断すると記載されるようになった。

小児科医師　ところがね、「多様性」というと聞こえはいいですが、現実問題としては、「人種」が基準になっているとしか思えない結果が続いたわけですよ。

たとえば、トップクラスの州立大学のある学科が定員十名だとすると、おそらく白人は六名～八名、黄色人種が一名～二名、黒人が一名～二名のバランスで合格者が出るはずです。もし入学試験の成績だけから判断したら、合格者は全員白人かもしれません。しかし、そのような結果は、アメリカでは考えられません。

その白人の内訳も、アングロサクソン系、スペイン系、イタリア系、メキシコ系などをうまく組み合わせて、どれかの系列が圧倒的に多くならないように考慮されているはずです。男女比も五対五か六対四、最大でも七対三程度に収められるでしょう。

マスター　表向きは「多様性の尊重」と言いながら、実際には「人種」のバランスを取るように操作して、合格者を出しているわけですね。

小児科医師　まさに、それが「多民族国家」アメリカの内情です。ちょうど私がミシガンに居た頃、そのことを訴えた事件がありましてね。

一九九七年、ミシガン大学法科大学院を訴えた白人学生バーバラ・グラッターは、大学時代の「成績評価値（GPA: Grade Point Average）」が三・八（四・〇満点）、「法科大学院入学試験（LSAT: Law School Admission Test）」が一六一（一八〇満点）という超成績優秀者だったにもかかわらず、不合格になりました。

ミシガン大学法科大学院は、ハッキリとした数値を公表していなかったものの、毎年一〇パーセントあまりの「社会的マイノリティ」を合格させていて、その中には明らかにグラッターよりも成績の悪い学生がいました。

そこでグラッターは、不合格になった原因は「自分が白人であること以外に考えられない」と主張し、アメリカ合衆国憲法修正第十四条と公民権法の第六編に定められた「平等」が侵され、逆差別を受けていると大学当局を訴えたわけです。

アイ　それで、どうなったんですか？

小児科医師　二〇〇三年六月、連邦最高裁判所が判決を下しましたが、この際にも判事の意見は真っ二つに割れました。

結果は、九人の判事が、五対四で、法科大学院が「アファーマティブ・アクション」を入学者選抜に取り入れる方針を「合憲」としました。

もう少し詳しく言うと、入学者の「多様性の尊重」が達成されることは、大学にとって教育的意義が深く、そのために「人種」に注目して入学者を選抜することは、合衆国憲法修正第十四条ならびに「公民権法」第六編に違反するものではないという判決です。

しかし、グラッターの入学自体は、五対四で認めませんでした。

マスター　バッキは入学できたのに、グラッターは入学できなかったとは、それはそれで、アンフェアな気がしますね。

名誉教授　医学部と法科大学院では、入学選抜方法の詳細も異なるし、州の個別事例によっても判断が異なるから、一概に比較はできないだろうが、判決にバラツキがあることは、たしかだね。

アイ　何が真の「平等」なのか、本当に難しい問題ですね。

■ポジティブ・アクション

小児科医師　日本では、「アファーマティブ・アクション」は「ポジティブ・アクション

(positive action)」とも呼ばれ、女性に対する優遇措置を指すことが多いですね。

たとえば、内閣府の男女共同参画局が規定した「男女共同参画基本計画」によれば、「社会のあらゆる分野において、二〇二〇年までに、指導的地位に女性が占める割合が少なくとも三〇％程度になるよう期待する」という政策目標が掲げられています。

マスター　そういう数値目標を出すこと自体、間違っていると思いますよ。

その数値を達成しようとすると、仮に課長が十人いる会社では、女性を三人課長にしなければならないわけでしょう。しかし、女性だから優遇されて課長になったとしても、仕事上の能力がなければ部下は不満を抱くでしょうし、本人も劣等感に陥って、却《かえ》って「逆効果」になる可能性が高いと思いますよ。

小児科医師　たしかに「逆効果」も考えられるでしょうが、無理にでも改善しなければならないほど、日本の女性は虐げられている状況ともいえます。

国連の「国際労働機関（ＩＬＯ）」が、二〇一二年に世界百二十六カ国の「女性管理職比率」をランキングした結果、日本の女性管理職は一一・一パーセントに過ぎず、世界ランキングでは九十六位という散々な結果でした。

二〇一六年に「世界経済フォーラム」が発表した男女格差を示す「男女平等ランキン

グ」では、日本は世界百四十四カ国中百十一位という、先進国としては、考えられないような悲惨な結果でしたからね。

マスター　アメリカが黒人を四〇ヤード進めたように、日本は女性を四〇ヤード進めなければならない状況だということですか？

名誉教授　二〇一二年度には、九州大学理学部数学科が、後期入試の募集定員九人のうち五人を女性に割り当てるという「女性枠」を公表して、大問題になったことがあるね。

マスター　そういう話を聞くと、やはり男性に対する「逆差別」だとしか思えませんがね……。

名誉教授　君も大学の世界にいたから、よく知っているはずだが、日本の国立大学には、女性の教員が圧倒的に少ないからね。

二〇一〇年時点で、九州大学の女性教員は学内全体の八・七パーセントに過ぎず、さらに数学科の所属する数理学研究院には、教員六十六人中、女性教員はわずか二人という有様だった。数学科の女子学生も、四学年二百五十四人中二十六人と、約一割しか存在しなかった。

そこで数学科は、「女性研究者増は喫緊の課題。まず入学者を増やすことが必要」と、思い切った「女性枠」の設定を二〇一一年三月に発表したわけなんだが……。

アイ 数学が苦手な女子が多いですからね。私も苦手なので、なんだか申し訳ない気持ちになりますが……。

でも、九州大学の試みは、すごく刺激的だったのではないでしょうか？

名誉教授 ところがね、「募集要項」の発表直後から、九州大学の入学課には「法の下の男女平等に反する」といった苦情の電話やメールが殺到して、大変な騒ぎになってしまった。

結果的に九州大学は、この「女性枠」を全面的に取り止めたという次第だよ。

アイ それは残念！ もし「女性枠」が無理だったら、女子学生には数学の得点を二〇点くらい加点すればよいのではないでしょうか？

そのように思い切った措置を取れば、将来、女性の数学者が飛躍的に増加すると思いますが……。

マスター いやいや、日本の女性は、アメリカの黒人ほどには虐げられていないんだから、それは行き過ぎだと思うよ。やはり大学入試は、実力でしょう！

名誉教授 その入学試験に合格した場合の話だが、東京大学は、二〇一七年度から、一人暮らしをする女子学生に、月額三万円の家賃補助を導入している。
東大といえば、女子学生が圧倒的に少なくて、全学生の二割にも満たないことから、少しでも女子学生の入学率を上げようとする狙いだということだ。

小児科医師 私もそのニュースを見ました。正式には、東京大学「女子学生向けの住まい支援」で、教養学部前期課程に入学する女子学生のうち、自宅から駒場キャンパスまでの通学時間が九十分以上であり、かつ大学側が用意した百室程度のマンションに入居する場合、月額三万円を最大二年間（七十二万円）まで支援するというものです。

マスター どうして女子学生だけなんですか！ 地方から出てきて、家賃支援の必要な男子学生だっているでしょう？ ボクは、それも「逆差別」だと思いますよ。

アイ いいじゃないですか！ たとえば、東大に合格するだけの能力のある女子が地方に居ても、「お前は女なんだから、東京に行かずに地元の国立大学に行けばよい」と決めつけるような親がいるんです。東大は、そのような女子学生が進学することを支援しているんだから、ぜひ継続してほしいと思います。

名誉教授 国家公務員や地方公務員の面接で、女性が有利になっているとか、民間企業の女性優遇採用も行き過ぎではないかという批判もある。

内閣人事局の報告によると、二〇一七年四月に採用された国家公務員七千二百七十六人のうち、女性は三三・四パーセントにあたる二千四百二十七人で、三年連続で、政府が目標とする三〇パーセントを上回っている。

二〇一四年四月時点で、女性採用は二六・七パーセントにすぎなかった。

マスター　二六・七パーセントが本当の実力だとすると、三年連続で三〇パーセントを超えるほど、女性の実力が男性を上回るようになったとは考えにくいですね。それこそ、行政が政府の意向を「忖度《そんたく》」して、女性の合格者が増えるように操作した結果なのではないでしょうか？

小児科医師　実は、アメリカでも、行き過ぎた「アファーマティブ・アクション」を修正すべきだという意見が強くなってきています。

とくにミシガン州では、「グラッター裁判」の結果を「バッキ裁判」に比べてアンフェアだとみなす見解が強くなり、「アファーマティブ・アクション」そのものが疑問視されるようになりました。そして二〇〇六年、ミシガン州は、「州立大学入学審査でのマイノリティ優遇措置を廃止する」提案を、住民投票で承認しました。

その後、この住民投票の是非が裁判で争われたのですが、二〇一四年四月、連邦最高裁判所は、この決定を「合憲」とみなす判決を下しました。よって、ミシガン州の州立大学では、法的な「マイノリティ優遇措置」は取られなくなりました。とはいえ、「多様性の尊重」は、今も根強く残っている状況です。

真の「平等」とは何なのか。私がずっと悩んでいる「新生児救命」の問題にも繫《つな》がるので、気になって仕方がないんですが、難しいですね……。

■新生児への愛情

アイ　「新生児救命」とは、どういう問題で悩んでいらっしゃるんですか？

小児科医師　ミシガンから帰国した後、私は、ある私立病院の小児外科に勤務したのですが、そこで遭遇した先天性の「食道閉鎖症」と「口唇口蓋裂《こうがいれつ》」の病気を持って生まれてきた新生児のことが忘れられなくてね……。

先天性の「食道閉鎖症」とは、生まれつき食道が途中で途切れている病気で、約五千人に一人の割合で発症します。何も飲めない状態で、「誤嚥《ごえん》性肺炎」を合併しやすいので、早期治療が求められます。

「口唇裂」とは、上唇が鼻まで裂けている状態、「口蓋裂」とは、口腔《こうくう》と鼻腔を隔てる上《うわ》顎《あご》が裂けて、口と鼻の中が繋がっている状態です。「口唇口蓋裂」は、その両方が重なっている状態なので、重症といえば重症なのですが、現在では、形成外科で何度か手術を繰り返せば、機能的にはもちろん、外見的にもほぼ完全に治療することができます。

私は、新生児の両親に詳しく病状の説明をして、「手術承諾書」に署名捺印《なついん》を求めました。ところが、赤ちゃんの顔を見た瞬間、「受け入れられない」と顔面蒼白《そうはく》になった両親は、どちらの手術も拒否したんです！

アイ　その赤ちゃんが、可哀そう……。

マスター　でも、その両親は、可愛らしい赤ちゃんの顔を楽しみにしていたんだよね。彼らがガッカリしたとしても、無理もない面もあると思うよ。

小児科医師　新生児には点滴が入れられていますから、最低限の水分は体内に補給されます。しかし、ミルクを一滴も飲むことができない状態なので、身体機能は徐々に衰えていきます。

私は、産科や形成外科のドクターも交えて、両親を懸命に説得しましたが、二人の態度は変わりません。新生児の祖父母に当たる家族も来院しましたが、赤ちゃんの顔を見るなり、帰ってしまいました。

とにかく時間がないので、私は、県の児童相談所に連絡しました。二人の「児童福祉司」が病院に来て、両親と話し合ってくれたのですが、効果はありません。私は、彼らの目の前で警察にも連絡して、両親の「親権」を制限してもらえないかと頼みました。

両親は新生児の養育を放棄しているわけですから、もし数日間でも「親権」を止めることができれば、その間に手術ができます。しかし、「親権」停止には、家庭裁判所の保全処分が必要で、しかも警察は「民事不介入」なので、このようなケースには対応できないということでした。

名誉教授　二〇〇八年、消化管内の大量出血でショック状態になった一歳の男児に主治医が緊急輸血しようとしたところ、両親が「宗教的理由」で輸血を拒んだ事件がありましたね。

この事件では、医師が「生命の危険がある」と児童相談所に通報。児童相談所は、即座に児童虐待の一種である「医療ネグレクト」と判断し、緊急措置として「親権者の職務執行停止（親権停止）」の保全処分請求を申し立てた。家庭裁判所は、わずか半日で「親権停止」を認め、男児には緊急輸血が施されて、無事に救命された。

小児科医師　通常は、早くても一週間以上かかる親権停止手続きを、病院と児童相談所と家庭裁判所が連携して、異例のスピードで救命した事件でしたね。

私は、その事例のことが頭にあったので、児童相談所に連絡したのですが、「新生児」は「児童」とは根本的に扱いが異なり、あくまで手術には両親の同意が必要だというのが、日本の慣例になっているのです。

アイ　「新生児」と「児童」では、そんなに扱いが違うんですか……。

小児科医師　実は、医師の間にさえ、難病の新生児は、むしろ生かすべきではないという暗黙の了解のようなものもあります。私が悩んでいるのは、人命に対する「尊重」というか「愛情」というか、そこに大きな見解の相違があるということなんです。

そうこうしているうちに、病室から両親が消えたという連絡が入りました。産科の母親の荷物もすべて持って、両親二人が病院から出て行ってしまったのです。看護師が両親の家に何度も電話しましたが、まったく応答はありません。

そして数日後、新生児は、餓死しました。

アイ　生みの親なのに、そんなに赤ちゃんに冷淡になれるのでしょうか？

小児科医師　彼らには、新生児に対して、愛情のカケラもありませんでしたね。

というのも、父親が母親に「お前は、どうしてあんなバケモノを産んだんだ」と怒鳴っている声が病室の外まで聞こえたからです。彼らは、自分たちの赤ちゃんを、そういう目でしか見ることができなかったのです。

マスター　生まれた後にも、自分の子どもを虐待する親が後を絶たないからね。どうして、そんなことになってしまうのか……。

■新生児QOL

名誉教授　一般に「生活の質（QOL: quality of life）」は、人間の終末期に問われて議論になることが多いが、実は、人間の誕生期にも大きく問われるべき問題だろう。

そもそも、医療技術の飛躍的な発展によって、数年前であれば「救命不可能」だった新生児を救うことができるようになった。しかし、たとえば「腸管軸捻転《ねんてん》と梗塞《こうそく》を起こした後に胃腸系が取り除かれた」新生児を生かすべきなのか？

その新生児は、無数のチューブと点滴ポンプによって、数カ月から数年間、生命が長引かされるだけだ。自力で食物を採って消化することができないんだからね。

「全米小児外科学会」倫理委員会で委員長を務めたカリフォルニア大学ロサンジェルス校医学部のアンソニー・ショー教授は、このような新生児の延命措置を医療技術の「乱用」だと述べている。

小児科医師 ショー教授の見解は、私もよく知っていますが、「乱用」と言いきってよいのか、私には少し行き過ぎた議論のように思います。

たとえば、大脳が欠損している無脳症児は、七五パーセントが人工中絶か死産、もし生まれても一週間以内に亡くなる場合がほとんどです。ところが、アメリカで二〇一四年に亡くなったニコラス・コークは、無脳症であるにもかかわらず三年半以上生きることができた「奇跡の子」と呼ばれています。

ニコラスは、目が見えず、耳も聞こえず、嗅覚《きゆうかく》も味覚も触覚もなく、もちろん思考することもできません。母親の声に反応することも、おっぱいを吸うこともできないし、這《は》うことも、起き上がることもできません。

それでも母親と家族は、彼を「心の底から愛して」育て、「ニコラスは、私たちの人生を変えてくれた」と、彼の存在に大きな意味があったと述べています。

名誉教授 しかし、「ダウン症候群」や「二分脊椎《せきつい》症」など、とくに境界線上の障害を持って生まれてきた新生児に対して、両親は、重大な決断を迫られているのではないですか?

小児科医師 たしかに、産科の集中治療室では、毎日のように辛《つら》い決断が下されています。

「ダウン症候群」の新生児は、染色体異常によって知的障害を持ちますが、それが軽度なものか重度なものかは、生まれたばかりの時点ではわかりません。

「二分脊椎症」の新生児は、脊椎の癒合が行われないままに生まれてくるため、さまざまな神経障害を持つ可能性がありますが、どの部分にどの程度の麻痺《まひ》が生じるか、やはり誕生時には不明です。新生児の段階で救うためには、脊椎矯正手術を行い、脳と脊椎を結ぶシャントを据え付けなければなりませんが、このような外科手術を施さなければ、新生児は死亡します。

名誉教授　二分脊椎症児の場合、脳への影響によって知的障害の生じる可能性もあり、成長にしたがって歩行用の補装器具なども必要となりますね。

現実問題として、両親がどれだけ二分脊椎症児に愛情を注ぐことができるのか、どれだけ安定して余裕を持った状態で子どもの成長を支援できるのか、家族の居住地周辺に障害者用施設があって入所できるのか、といった要因がクリアされなければ、結果的に、家族全員が不幸に陥るのではないですか？

小児科医師　たしかに、おっしゃるとおりです。

名誉教授　要するに、新生児が二分脊椎症だとすると、まず医師は、両親に手術を勧めるか勧めないか判断を迫られるでしょう。ショー教授は、その判断基準として、現実的要因を数値化して代入し、新生児の「生命の質」を見出《みいだ》すための「新生児ＱＯＬ公式」を発明した。

この公式は「ＱＯＬ＝ＮＥ×（Ｈ＋Ｓ）」と表される。ここで、ＱＯＬは「生きた場合に子供がもつ生活の質」、ＮＥは「子供の知的・身体的な生まれながらの資質」、Ｈは「両親の結婚の情緒的安定度・両親の教育レベル・両親の財産に基づいて、子供が家族から得られる支援」、Ｓは「子供が地域社会から得られる社会的支援」を意味する。

小児科医師　その公式は、医学界に大きな賛否両論を巻き起こしました。結果的に、数値の大小によって、どの新生児を助けるか死亡させるのかを選択するわけですからね。そのような基準を定めること自体、生命に対する「冒瀆《ぼうとく》」だとみなす批判もあります。

■新生児ＱＯＬ実施例

名誉教授　オクラホマ大学医学部付属病院では、一九七七年から一九八二年に生まれた六十人の二分脊椎症児に対して、医師・看護師・作業療法士・物理療法士・ソーシャルワーカー・心理カウンセラーの六名が家族を面接し調査したうえで、ショー教授の「新生児Ｑ

ＯＬ公式」に数値を当てはめた。
そして、点数の高かった新生児三十六人の家族には手術を勧め、低かった二十四人の家族には手術を勧めなかった。家族は全員が公式の決定に同意し、結果的に三十六人は手術を行って存命、二十四人は死亡した。
この結果を「アメリカ小児科学会」に報告したオクラホマ大学の三人の医師は、ショー教授の「新生児ＱＯＬ公式」は、「有益な成功」を導いたと述べている。

アイ 本当に難しい問題ですね。もし私に子どもが生まれたら、たとえどんな障害があったとしても育ててあげたいと思いますが、医療費や施設の問題もあるし、社会保障の助けがなければ、現実には難しいのかもしれません。

マスター もし自分の子どもが重度の障害児だったら、本当にずっと愛情を持って育てられるのか、ボクは自信を持てない部分もありますね。

歴史的に考えると、古代ローマ帝国からナチス・ドイツにいたるまで、障害児を「安楽死」させた事例は、世界中で無数にあると思いますよ。
ショー教授の「新生児ＱＯＬ公式」は、逆に見ると、新生児の出生時の障害が重いほど、両親の精神的・経済的支援が望めないほど、社会保障や支援が望めないほど、点数が低くなるようになっていますね。

それでなくとも障害児が生きていくのは大変なのに、「新生児ＱＯＬ公式」の点数が低いということは、さらに両親や社会からの支援も望めないことを意味しているわけですから、その場合に手術を行わない選択をすることは、言い方は厳しいかもしれないけど、社会全体にプラスをもたらす方法だと思います。

小児科医師　小児科医師の立場としては、二分脊椎症で生まれてきたすべての新生児に手術を施すべきだと考えています。なぜなら、それこそが医師の仕事であって、それ以外の「生活の質」の選択に関わる部分に医師が関与すべきではないと思うからです。

名誉教授　おっしゃるとおり！　逆に言えば、小児科の医師が、すべての重責を負う必要はないということです。

我々の専門分野もそうですが、科学や医療の分野では、専門細分化が進み過ぎた結果、「総合的判断」が難しくなっています。そこで責任の所在も明らかでなくなり、誰かが責任を抱えて苦しむ状況に陥ってしまう。

たとえば、家族が新生児の手術を拒否した場合、どのように対応すべきかは、主治医だけではなく、医療チーム全体で判断すべき問題でしょう。その医療チームも、医師・看護師・作業療法士・物理療法士・ソーシャルワーカー・心理カウンセラーに加えて、教育学・倫理学・哲学などの専門家も加えるべきだと思います。そのうえで必要があれば、病院・児童相談所・家庭裁判所が連携を取るようなシステムを構築することが論理的な解決方法ではないですか。

小児科医師　アメリカでは、そのようなスタイルが普通ですが、日本では医療現場が縦割りなので難しい面もあります。かといって、主治医の判断には限界もあるので、医療チームとして、新生児の両親とコミュニケーションを取るようにしていきたいと思います。

アイ　そのコミュニケーションの段階で、単に状態を数値化するだけではなくて、先天性の障害を克服した新生児の例や、後天性の障害を抱えても元気に生きている児童のケースなどを紹介できれば、両親の態度も変化する可能性が出てくるのではないでしょうか。

名誉教授　そういえば、二〇一八年三月十四日、ケンブリッジ大学の宇宙物理学者スティーブン・ホーキングが、七十六歳で亡くなったね。

　ホーキングは、一九六三年、二十一歳でケンブリッジ大学大学院に進学した直後、「筋《きん》萎縮性側索硬化症《いしゆくせいそくさくこうかしょう》（ALS: Amyotrophic Lateral Sclerosis）」を発症した。当時は、この病気に罹《かか》ると、生存期間は四、五年と言われていたが、ホーキングの症状は「奇跡的」に進行が遅くなったため、彼は、その後五十五年にわたって、最先端の宇宙論に大きな影響を与えるさまざまな論文を発表して、人類に大きく貢献した。

マスター　「車椅子の天才」ですね。ホーキングが二〇〇一年に東京を訪問した際、ボクは中学生だったんですが、父親に連れられて、東京大学の安田講堂で行われた一般講演会を聴きに行きました。

ホーキングは、身体中の運動神経系に障害があるため、眼球の瞳《ひとみ》の動きでディスプレイのアルファベットを操作して、合成音声で話していました。あんなに重篤な病気を抱えているにもかかわらず、知的でユーモアに溢《あふ》れた講演で、本当に感動しましたよ。

小児科医師　身体系に障害があっても、大天才かもしれないし、すばらしい音楽家かもしれない。

しかし、現在の日本では、「新生児救命」を最終的に決断するのは、あくまで両親です。障害児が生まれてきて、最も苦しんでいるのも、両親です。それにもかかわらず、私は、結論ばかりを追い求めていたのかもしれません。

マスター　先生、今日は叔父《おじ》が置いていった秘蔵の紹興酒《しょうこうしゅ》を出しましょう！

名誉教授　これは、「古越龍山《こえつりゅうざん》」の「陳醸五十年」じゃないか！

マスター　そうなんです。中国の浙江《せっこう》省紹興市は、かつて「越国」の首都で、中央に「越王台」と呼ばれる王宮跡があります。その丘が「龍」の姿に似ていることにちなんで、「古越龍山」と名付けられたそうです。

小児科医師　なんともいえず、濃厚な香りですね……。

名誉教授　それでは、世界で新生児救命に携わっている人々に乾杯しよう！

一同　乾杯！

第七夜　「人類愛」と「宇宙」〈哲学的アプローチ〉

マスター　いらっしゃいませ。
アイ　先生、明けましておめでとうございます！　お正月はいかがでした？
名誉教授　今年の正月は、家族と一緒に温泉旅館で過ごしてきたよ。
注連《しめ》飾りに門松のある和風旅館は、風情があってよいものだ。趣のある庭園と鹿威《ししおど》し、部屋には鏡餅《かがみもち》と、おせち料理が並んでいて……。
マスター　先生、新年の祝い肴《ざかな》の「数の子」・「田作り」・「黒豆」です。
お屠蘇《とそ》をどうぞ……。
名誉教授　これは、どうもありがとう。
祝い肴には、それぞれ意味があってね。一説によれば、「数の子」は数多くの卵が付いているから「子孫繁栄」、「田作り」はイワシを刻んだ肥料で「豊作」の祈願、「黒豆」は「クロくなるまでマメに働け」という駄洒落《だじゃれ》……。
アイ　おせち料理だったら、私は「海老《えび》」と「ブリ」と「鯛《たい》」が好きです！
名誉教授　「海老」は腰が曲がるまで「長寿」の祈願、「ブリ」は「出世」魚そのもので、「鯛」は「目出タイ」の駄洒落……。
マスター　ボクが好きなのは、「伊達巻《だてまき》」と「栗金団《きんとん》」と「昆布巻」かな。

名誉教授　「伊達巻」は巻物に似ているから「学問成就」、「栗金団」は黄金色で「金運成就」の祈願、「昆布巻」は「喜コブ」の駄洒落……。

　少しでも一年の幸福に繫《つな》がるようにと、縁起のよい食材に願望をこじつけているいろな説が出てきたんだろうが、改めて振り返ってみると「駄洒落」が多くて、おもしろいね。

　それにしても、このお屠蘇は、深みのある味だなあ……。

マスター　叔父《おじ》が作った「屠蘇散」を、清酒と味醂《みりん》に一日漬け込んだものです。お屠蘇の「屠」は「邪気を屠《ほふ》り」、「蘇」は「魂が蘇《よみがえ》る」意味があるそうで、叔父は凝り性だから、いろいろな漢方の生薬を配合してあるみたいですよ。

名誉教授　君の叔父さんには、いつも秘蔵の名酒をご馳走《ちそう》になっているからね。厚く御礼を申し上げてくれたまえ。

マスター　先生に美味《おい》しく飲んでいただいたと話すと、叔父は大喜びなんですよ。

　常々、お客様に気持ちよく酒を飲んでいただくのが最高のご褒美だと言っていますからね。生粋のバーテンダーなんでしょう……。

　その叔父ですが、思ったよりも病気の快復が早くて、またここに戻ってバーを続けると言い出したんですよ。

というわけで、ボクも研究者の道に再挑戦しようと思っているんですが……。

名誉教授　もう研究は止めたんじゃなかったのかね？

マスター　いえ、やはり気になって、この一年、細々とですが続けていました。以前から追いかけていた問題について、論文を仕上げましたので、読んでくださいますか？

名誉教授　まあ、いいだろう、読んでみるよ。

若いうちに挫折《ざせつ》した方が、結果的には研究者として大成することもあるからね。大学に残れずに、特許局に就職した物理学者アルバート・アインシュタインが、働きながら「相対性理論」の論文を完成させたのが、そのよい例だ。

マスター　そんな風に言われると、おこがましいですが……。

名誉教授　誰も君がアインシュタインのようになるとは言っていない！　彼を見習いなさい、と言ったまでだよ。

ところで、アイちゃんの就職先は、決まったのかね？

アイ　実は、何社か内定をいただいたんですが、どうしても会社に馴染《なじ》めそうになくて、全部お断りしました。

マスター　アイちゃんは、一流企業の一般職にも受かったのに、内定を蹴《け》ったんですよ。少し勿体《もったい》ない気もするんだけど……。

アイ　たしかに、丸の内のＯＬになれば、週休二日で、安定したお給料を貰《もら》えるかもしれませんが、このバーで、先生や海外で活躍されているお客さんたちの話を伺っているうちに、日本を飛び出してみたくなったんです。

たった一度しかない人生だし……。

名誉教授　それはすばらしい心掛けだ！

マスター　具体的には、どうするつもりなの？

アイ　まず「ワーキング・ホリデー」を利用して、英語圏の国に行って、働きながら語学力を磨こうと思います。

マスター　「ワーキング・ホリデー」って、年齢制限があったよね。

アイ　「日本国籍を有する十八歳から三十歳までの人」です。日本は、二〇一八年四月時点で、世界の二十カ国と「ワーキング・ホリデー・ビザ」制度の二国間協定を結んでいます。

「ワーキング・ホリデー・ビザ」は、通常の「観光ビザ」と違って、就学・就労も許可されているので、働きながら語学学校に行くことができます。
日本人は、年間二万人以上が利用していて、人気があるのはオーストラリアとカナダ、ニュージーランドですね。ビザは、最長滞在期間一年間の国が多いんですが、私は二年間まで許されるイギリスに行こうと思っています。

マスター　二年間のイギリス生活か……。その後は、どうするの？

アイ　大学院に進学して、「比較文化論」や「異文化コミュニケーション論」を学びたいと思っています。そして、国連やＮＧＯのような国際関係機関に勤めるのが夢ですね。

マスター　その話、国連職員の先輩が聞いたら、大喜びすると思うよ。

■国境なき医師団

アイ　国連職員さんのお話には、大きな影響を受けました。心理カウンセラーさんの「恋愛心理尺度測定」のテストで、自分の中に「アガペ」を大切にする気持ちが強いことにも気付きました。
それで、いろいろな本を読んでみたんですが、ロシアの文学者レフ・トルストイの『人生論』に、次のような一節がありました。

「人がその自我を捨てさるのは、普通考えられているように、父や、息子や、妻や、友人や、親切でやさしい人たちによせる愛の結果ではなくて、ただ自己中心の生き方のむなしさと、自分ひとりの幸福の不可能とを認識したその結果に他ならない。だから、人は、自己中心の生活を否定した結果、真の愛を認識し、父や息子や妻や子どもや友達を、はじめて、ほんとうに愛することができるようになるのである。愛とは、自分よりも――自分の動物的な自我よりも、他人をすぐれたものとして認める心である」

マスター　「自己中心の生き方のむなしさ」を体験して、利己主義を克服したとき、初めて「愛」が生じるというわけだね。

アイ　就職活動をしているうちに、私も含めて、現代の若者は、利己的な富や成功、名声や権力を追いかけてばかりで、他者に対する思いやりや優しさ、感謝の気持ちや寛容性に欠けているように思ったんです。

でも本当は、心の底では、何よりも「愛」を求めているんじゃないか！　そう感じたときに、このトルストイの言葉が、スッキリと心の中に入ってきたんです。

トルストイは、続けて、もっとスゴイことを言っています。

「自分の生命を友人のためにささげて悔いないような愛――こういった愛のほかに、愛はない。愛は、こうしてそれが自己犠牲として発揮されてこそ、ほんとうの愛といえるのである。人がただ自分の時間や、自分の力を他人にかすばかりでなく、愛するもののために自分でからだをすりへらし、自分のいのちをささげるとき、はじめて、われわれはそれを愛とよんで、そういった愛のうちにだけ幸福、いわば、愛のあたえる報酬を見いだすのだ。そして、こうした愛が人々のうちにあるからこそ、この世はなりたっていくのである」

マスター　「自分の生命を友人のためにささげて悔いないような愛」というのは、トルストイの『戦争と平和』のような時代だったらわかるけど、ちょっと現実離れしているんじゃないかな?

アイ　私も最初はそう思って、そんな「人類愛」を実践している人々が現実に存在するのか、調べてみたんです。そこで発見したのが、「国境なき医師団（MSF: Médecins Sans Frontières）」でした。

ＭＳＦは、「独立・中立・公平な立場で医療・人道援助活動を行う民間・非営利の国際団体」として、一九七一年にフランス人の医師やジャーナリストのグループが設立しました。

現在のＭＳＦは、世界各地に二十九の事務局を設置。二〇一六年には、約四万人の海外派遣スタッフと現地スタッフが、約七十の国と地域で支援活動を行いました。日本からも百七人のスタッフが派遣されています。

名誉教授　「国境なき医師団」という名称は、本来すべての人間に医療を受ける権利があり、医療の必要性は「国境」よりも優先されるという信念に基づいている。その「憲章」は、次のようなものだ。

「国境なき医師団は苦境にある人びと、天災、人災、武力紛争の被災者に対し人種、宗教、信条、政治的な関わりを超えて差別することなく援助を提供する。国境なき医師団は普遍的な『医の倫理』と人道援助の名の下に、中立性と不偏性を遵守し完全かつ妨げられることのない自由をもって任務を遂行する。国境なき医師団のボランティアはその職業倫理を尊び、すべての政治的、経済的、宗教的権力から完全な独立性を保つ。国境なき医師団のボランティアはその任務の危険を認識し国境なき医師団が提供できる以外には自らに対していかなる補償も求めない」

アイ　一九九九年、「国境なき医師団」は、ノーベル平和賞を受賞しました。その受賞スピーチの中に、「ルワンダの大虐殺」の話が出てきます。

マスター　「ルワンダの大虐殺」？

名誉教授　ルワンダは、もともとフツ族とツチ族で構成される国だが、フツ族が軍政を握り、さらに組織立ったメディア戦略とヘイト・スピーチによって、フツ族市民は、ツチ族に対する憎悪感情を煽《あお》り立てられていた。

一九九四年四月六日、そのような状況の中でフツ族出身のジュベナール・ハビャリマナ大統領が暗殺されると、フツ族の兵士と市民は激怒し、ツチ族の人間を捕まえて、リンチを始めた。

興奮した彼らのリンチはエスカレートして止《とど》まるところを知らず、結果的に、隣国ウガンダで結成されたツチ族反政府勢力がルワンダを制圧するまでの百日間に、ツチ族の五十万人以上が虐殺された。その残虐さは、筆舌に尽くし難いものだった。

ツチ族の犠牲者は、手足を切断され、顔や身体中をナタで切り刻まれた。あまりの苦痛に、犠牲者は兵士に金を渡して、銃で一思いに殺すように頼んだという。男性は性器が切り落とされ、女性は強姦《ごうかん》されて乳房が切り落とされ、それらが部位ごとに整理して積み上げられたという証言もある。母親は、助かりたければ、自分の幼児を殺すように命じられ、新生児は汚物槽に捨てられた。

常軌を逸した大虐殺が始まった初期段階で、「国境なき医師団」と「国際赤十字」は、国連に武力介入して虐殺を止めるように訴えたが、国連は「内政不干渉」の原則を押し通して、軍事介入しなかった。

マスター　戦争は、異常な状況を招きますが、まさに極限状況ですね。そんな中に入って行って、医療を行うとは、ものすごい勇気だなあ……。

アイ　「国境なき医師団」の医師は、ノーベル平和賞受賞スピーチの中で、ルワンダのキガリ病院に運び込まれた犠牲者の女性のことを話しています。

「彼女はナタで襲われ、全身を意図的に切り刻まれました。耳は切り落とされており、念入りに傷つけられた顔の傷口は大変深いものでした。その日は何百人という男性、女性、子どもが病院に運び込まれ、あまりの数の多さに路上に寝かせるしかありませんでした。多くの場合その場で直ちに手術が行われました。病院の周囲の側溝には文字どおり真っ赤な血が流れました。彼女はそうした患者の中の一人で、筆舌に尽くし難い苦しみの中にいました」

「私たちが彼女にできたことは、わずかながら縫合をして出血を止めることだけでした。私たちは極度に疲労していました。他にもたくさんの患者が治療を待っていることを知っていた彼女は、私をこの逃れようのない地獄のような状況から救おうと、それまで聞いたことのないような澄んだ声でこう言ったのです。「ウメラ、ウメラシャ（さあ、頑張って勇気を奮い起こしなさい）」」

マスター　筆舌に尽くし難い苦しみの中にいながら、医師を励ましたとは……。

アイ　「国境なき医師団」は、医療スタッフだけではなくて、非医療スタッフも公募しています。私も将来、応募しようかと考えているところです。

名誉教授　ＭＳＦの人道支援は、本当に崇高で頭が下がるものだ。そこに人生を捧《ささ》げるのも、一つのすばらしい生き方だろう。

　とはいえ、私が国連職員君に言ったアドバイスを忘れないようにね。アイちゃんの将来については、君のことを最も愛してくれるお母さんとよく相談することが大切だと思うよ。

マスター　まだまだ先は長いんだから、まずはイギリスでがんばって！

アイ　先生とマスターのアドバイスには、すごく感謝しています。どうもありがとうございます。

■ドレイクの方程式

天文学者　こんばんは、やっとバーを見つけたわ！

アイ あら、お客さん、いらっしゃいませ！

天文学者 先生、お久し振りです！ サンファンからニューヨークへ行く便が三時間遅れて、東京行きの別の便に乗り換えて、結局、成田空港の到着が五時間も遅れてしまって……。

名誉教授 こちらは、私の知り合いの天文学者でね。

コーネル大学大学院で宇宙物理学の博士号を取得、ハーバード・スミソニアン天体物理学センター研究員を経て、現在はアレシボ天文台の主任研究員を務める超エリート女性だよ。

天文学者 「超エリート女性」だなんて、とんでもない！ ただの酒飲み女ですよ。

これ、先生から頼まれたシャンパンと、私からのおみやげのテキーラ……。

名誉教授 そうそう、正月だから皆で飲もうと思って、免税店でシャンパンを買ってくるように頼んでおいたんだよ。

マスター それは楽しみだ！ ワインクーラーで冷やしておきましょう。

名誉教授 こちらのマスターは、私の教え子でね、彼も立派なドクターだ。それに、大学卒業を目前にしたアイちゃん……。

アイ　「サンファン」って、どこにあるんですか？

天文学者　「エスタード・リーブレ・アソシアード・デ・プエルト・リーコ（Estado Libre Asociado de Puerto Rico）」！

名誉教授　「プエルトリコ自由連合州」のことだよ。サンファンは、その首都。

もともとはスペインの植民地で、今はアメリカ合衆国の自治領になっているが、住民は、ほとんどスペイン語しか話さない。そこに設置されているのが、世界最大の口径三百五メートルのアレシボ電波望遠鏡でね……。

天文学者　それが、もう世界最大じゃないんですよ！　二〇一六年に中国が直径五百メートルの巨大な球面電波望遠鏡を完成させましたから……。

名誉教授　そうだったのか！　最近の中国の宇宙開発は、凄《すさ》まじいからね。

それで、「地球外知的生命体（ET: Extra-Terrestrial Intelligence）」の信号は、発見できたかね？

天文学者　まだですが、「ファースト・コンタクト」は、近付いているというのが私の感触です。

マスター　ETとの「ファースト・コンタクト」が?!

天文学者　地球の周回軌道に乗っている「ハッブル宇宙望遠鏡」や「ケプラー宇宙望遠鏡」のことは聞いたことがあるでしょう？

　宇宙望遠鏡は、「トランジット法」といって、惑星が主星を隠すときに生じる周期的な明るさの変動を検出できるんだけど、このような観測機器の高性能化にともなって、太陽系外の惑星系が数多く発見されているのよ。

　その数値から推定すると、銀河系には、太陽と同じようなG型星を主星に持ち、「ハビタブル・ゾーン（habitable zone）」上を公転する地球サイズの惑星が、少なくとも十億個は存在する。その中には、きっと地球外知的生命体も存在するはずよ！

アイ　「ハビタブル・ゾーン」って、何ですか？

名誉教授　主星からの放射エネルギーが、生命発生の条件に適していると考えられる距離にある領域のことだ。この領域にある惑星上で、生命誕生の可能性が高いと考えられる。

マスター　それで、実際にETは、存在するんでしょうか？

名誉教授　漠然とETといっても、雲を摑《つか》むような話だが、これに具体的な指標を与えたのが、コーネル大学の天文学者フランク・ドレイクでね。

　彼は一九六一年、後に「ドレイクの方程式」と呼ばれる「$N=R^{*}\times fp\times ne\times fl\times fi\times fc\times$

L」という式を考案した。ここでNは「銀河系に存在する通信可能な文明の数」、R*は「銀河系において一年間に形成される恒星の数」、fpは「その恒星が惑星系を持つ割合」、neは「その恒星系においてハビタブル・ゾーンにある惑星数の平均値」、flは「その惑星で生命が誕生する確率」、fiは「誕生した生命が知的生命体に進化する割合」、fcは「その知的生命体が惑星間通信を行う割合」、Lは「惑星間通信を行える文明が存続する期間」を表している。

天文学者　当時のドレイクは、「銀河系において一年間に形成される恒星の数」を十個、「その恒星が惑星系を持つ割合」を五〇パーセント、「その恒星系においてハビタブル・ゾーンにある惑星数の平均値」を二個、「その惑星で生命が誕生する確率」を一〇〇パーセント、「誕生した生命が知的生命体に進化する割合」を一パーセント、「その知的生命体が惑星間通信を行う割合」を一パーセント、「惑星間通信を行える文明が存続する期間」を一万年と見積もったのよ。

これらの数値を方程式に当てはめると、「銀河系に存在する通信可能な文明の数」は、たったの十個しかないことになるでしょう。彼は、悲観的だったのね。

■セーガンとティプラー

名誉教授　銀河系には、千億個以上の恒星が存在するわけだから、その中に、たった十個しか文明が存在しなければ、お互いが簡単に交信できないのも無理はないかもしれない。

もっと悲観的なのが、テュレーン大学のフランク・ティプラーという物理学者でね。彼は、一九八〇年に『地球外知的生命体は存在しない』という論文を発表して、論争を巻き起こし、一九八一年には『銀河系で最も進化した文明は地球である』という論文を発表して、火に油を注いだ。

天文学者　ティプラーは、故意に論争を激化させたんだと思いますけどね。

名誉教授　さきほど、ハビタブル・ゾーンを公転する地球サイズの惑星は、少なくとも十億個は存在するという話だったが、ティプラーは、そもそも地球のように生命に適した惑星は、他には存在しないと主張しているんだ。

その理由は、たくさんある。たとえば、地球は二十四時間に一度自転しているが、この自転周期が、月のように公転周期と同じだったら、大変なことになる。仮に自転周期が一年に一度であれば、半球は常に昼の状態で高温の砂漠になり、半球は常に夜の状態で氷河に覆われるだろう。

また、地球の自転軸は約二十三度だけ傾いているが、そのおかげで四季が生じ、多種多様な生命環境に刺激を与えている。仮に自転軸が天王星のように九十度だったら、夏は太陽が沈まず、冬は太陽が昇らない状態で、とても生命は進化できない。

マスター 地球上の生命は、さまざまな偶然が奇跡的に重なって、進化できたということですね。

名誉教授 「奇跡的」にね。生命にとって、いかに地球が恵まれた惑星なのか、他にもティプラーは、さまざまな傍証を挙げている。

たとえば、仮に地球の近くに木星のような巨大惑星があったら、その引力の影響で、地球は生命が誕生する前に、ハビタブル・ゾーンから外れてしまっただろう。

また、地球には宇宙空間に広がる強力な磁場があって、生命に有害な太陽風が地上に降り注ぐことを防いでいる。地球大気の上空にはオゾン層が広がり、生命に有害な紫外線を吸収して、酸素分子を生み出している。

アイ そう伺っていると、地球は、銀河系でも稀《まれ》な特別な惑星のような気がしてきました。

名誉教授 一方、ティプラーの見解を「ショービニズム（chauvinism）」（自己中心的偏見）と呼んで大批判したのが、コーネル大学の天文学者カール・セーガンでね。

セーガンによれば、宇宙における生命体は多種多様であり、人類の固定観念を遥《はる》かに超えているはずだ。たとえば我々は、炭素化合物を前提とする「ハビタブル・ゾーン」に拘《こだわ》っているが、まったく異質なケイ素化合物の生命体が進化する可能性もある。

セーガンの好きだったジョークは、次のようなものだ。地球外知的生命体が、ついに地球に到着した。その生命体は、自動販売機を見つけると、側に寄って言った。「君みたいな美人が、ここで何をしているんだい？」

アイ　あははは、それはおもしろい！

名誉教授　アメリカのドラマ『スター・トレック』には、思いつく限りの多彩な生命体が登場するが、セーガンはその種のＥＴが、実際に宇宙に実在すると信じていたわけだ。

天文学者　セーガンは、「地球外知的生命体探査（SETI: Search for Extra-Terrestrial Intelligence）」を積極的に推進した第一人者なのよ。

一九七二年と七三年にＮＡＳＡが打ち上げた宇宙探査機パイオニア十号と十一号に、金属製の銘板が取り付けられたことは、聞いたことがあるでしょう？

もともとパイオニア計画は、木星と土星の探査が目的だったんだけど、その後、探査機は太陽系を飛び出して、原子力電池の作動する限り飛び続けることになる。そこでセーガンは、人類の男女の姿と共に、探査機の出発点である地球に関する情報を銘板に記しておいたのよ。もし地球外知的生命体が探査機に遭遇したら、地球人のことを理解してくれるようにね。

アイ　瓶に手紙を入れて海に流す「ボトル・メール」みたいですね。誰か拾ってくれるかもしれない宇宙に投げ出されたメッセージ……。

　ロマンティックですね。

名誉教授　たしかにセーガンは、ロマンティストで、しかも楽観的だった。

　彼は、一九七七年にNASAが打ち上げた宇宙探査機ボイジャー一号と二号には、「地球の音」と名付けられた銅板製レコードを設置した。このレコードには、地球上の五十五種類の言語によるメッセージや、さまざまな自然音と音楽が組み込まれ、ジャケットには地球に関する詳細な情報が書き込まれている。

天文学者　そして、セーガンが何よりも力を注いだのが、地球外知的生命体が発信している電波を受信しようとする「SETIプロジェクト」だった。

　セーガンは、一九七五年六月、今私が勤めているアレシボ天文台の電波望遠鏡を一週間借り切って、銀河系外の四つの星雲における約十の十二乗の恒星を探査し、知的信号をキャッチしようとしたの。

マスター　それで、どうなったんですか？

天文学者　残念ながら、その種の知的信号の痕跡《こんせき》は、何も見つからなかった。

セーガンは、宇宙には多種多様な地球外知的生命体が満ちていて、彼らの交信する電波を簡単にキャッチできると楽観視していたの。地球のラジオやテレビ放送の電波でさえ、すでに数十光年先まで進んでいるんだから……。

落胆したセーガンは、「これだけの多くの星の中に、人類に近づこうとする星が一つもなかったということは、単なる失敗というよりも、憂鬱そのものだ」と述べているんだけど、その後の仕事を、私たちが引き継いでいるというわけ。

名誉教授　君に、「これほど大きな希望と期待とともに始まりながら、きまって失敗に終わる活動や事業など、愛のほかには見当たらない」という言葉を贈るよ。君の追求する「SETIプロジェクト」が報われない「愛」だったら、どうするつもりかね？

天文学者　うふふふ、先生は意地悪なんだから……。その言葉、社会心理学者エーリッヒ・フロムの『愛するということ』の有名な一節ですよね。でもフロムは、続けて次のように述べていますよ。

「愛することをやめてしまうことはできない以上、愛の失敗を克服する適切な方法は一つしかない。失敗の原因を調べ、そこからすすんで愛の意味を学ぶことである。そのための第一歩は、生きることが技術であるのと同じく、愛は技術であると知ることである。どうすれば人を愛せるようになるかを学びたければ、他の技術、たとえば音楽、絵画、大工仕事、医学、工学などの技術を学ぶときと同じ道をたどらなければならない」

私も「愛することをやめてしまうことはできない」から、あらゆる「失敗の原因を調べ」て、限りなく「技術」を改良して、いつか必ず「ファースト・コンタクト」を成功させるつもりです。地球外知的生命体も、きっと宇宙の同胞を探していると思いますよ。それが知的生命同士の「愛」の結び付きなのではないかしら?!

■宇宙と生命

アイ　どうして宇宙に興味を持ったんですか?

天文学者　キッカケは、『コンタクト』というセーガン原作の映画を観たことね。一九九七年九月に封切られた映画だけど、今観てもリアルだし、ストーリーも斬新《ざんしん》で、すごくおもしろいから、よかったら観てごらんなさい。

名誉教授　セーガンは、その映画の完成を楽しみにしていたそうだが、残念ながら一九九六年十二月に亡くなったため、完成版を観ることはできなかった。映画の最後に「カールに捧げる」という献辞が表示されるのは、そういう意味があるんだよ。

天文学者　ジョディ・フォスターの演じる天文学者が、宇宙から届いたメッセージを解読して、そのメッセージ通りに宇宙船を組み立てるの。彼女が乗船すると、宇宙船は人間には理解できない方法でワームホールを通過してベガ星系に移動し、そこで彼女が「地球外知的生命体」と「ファースト・コンタクト」を達成するというストーリーよ。

マスター　そのETは、どんな姿なんですか？　まさか、「エイリアン」みたいな怪物じゃないでしょうね⁈

天文学者　『コンタクト』のETは、直接自分の姿を現すことなく、すでに亡くなっている彼女の父親の姿で登場するのよ。このスタイルは、スタンリー・キューブリック監督の映画『２００１年宇宙の旅』の手法と同じね。

名誉教授　仮にETが実在したとして、我々の知る地球とはまったく異なる環境で進化した生命体だから、人間の想像を絶する形態の可能性が高い。したがって、高度に進化したETは、人間を驚かせないように、人間の脳内から最も安心できるイメージを抽出して、その姿でコンタクトしてくれるというわけだ。

実際の映像制作現場では、ETを縫いぐるみやゴム製品で表すと陳腐になってしまうから、リアリティを追求するためにも、このタイプの手法が好まれるんだろうがね。

マスター たしかに、たとえばスティーブン・スピルバーグ監督の映画『ET』に登場するETは、今観ると、明らかに作り物だとわかってしまいますからね。

天文学者 セーガンは、宇宙開発とSETIの意義を訴え続けた。

「地球外知的生命体の探査は、人類に宇宙的な意味を見出《みいだ》す探査でもある。我々はどこから来たのか、我々は何者か、我々はどこへ行くのか。我々の祖先が、かつて想像もできなかった広大な空間と悠久の時間を持つ宇宙において、我々の未来を指し示すための探査である」とね……。

■「微調整」された物理定数

名誉教授 いかに地球が生命にとって恵まれた惑星なのかについて、話したところだが、この考え方は、宇宙全体に広げることもできるんだ。
もし炭素が存在しなければ、我々のような生命を構成する炭素系化合物は構成できない。

さて、そもそも元素の原子核を結合させるのは「強い相互作用」と呼ばれる物理定数で、陽子と中性子をまとめて原子核を作り上げる「核力ε」で表される。

この核力ε＝〇・〇〇七であることがわかっているが、仮に、この数値が少しズレてε＝〇・〇〇六でもε＝〇・〇〇八でも炭素は存在しなかったわけで、そうなれば、もちろんあらゆる生命も人間も存在しなかったということになる。

マスター　つまり、核力の数値が少しでも異なっていたら、現在のような宇宙になっていなかったため、生命も人間も存在できなかったということですね。

名誉教授　それが、核力の数値ばかりではないんだよ。ケンブリッジ大学の天文学研究所の所長も務めた宇宙物理学者マーティン・リースは、宇宙を支配する六つの物理定数を挙げて、これらの「どれか一つでもうまく『微調整』されていなければ、星も生命も生まれてこなかった」と述べている。

リースの挙げる六つの物理定数とは、今話した「強い相互作用の核力」ε、「原子を結合する電気力の強さを原子間に働く重力の強さで割った数」N、「宇宙で膨張エネルギーが重力エネルギーに対してどれだけ大きいかを示す数」Ω、「宇宙の反重力の強さを示す数」λ、「宇宙の銀河や銀河団の静止質量エネルギーと重力エネルギーの比率を示す数」

Q、「宇宙の空間次元数」Dだ。

アイ　それらの六つの数には、何か関係があるんでしょうか？

天文学者　それは興味深い質問ね！　リースも「おそらく何らかの関係があるだろう」と述べているように、その可能性は十分あるんだけど、現時点では、どの数値も別の数値から導くことはできないの。いつか将来、これら六つの数値を互いに関連づける「万物理論」が組み立てられたら、大変な発見になるでしょうけど……。

マスター　ボクは、リースの「微調整」という言葉が気になるんですが、これは、たとえば「神」が宇宙を「微調整」して創造したという意味なのでしょうか？

名誉教授　いやいや、必ずしも「神」を持ち出す必要はないんだが、それでも、文字通り宇宙は「微調整」されているようにしか見えないということなんだよ。

マスター　その六つの数値すべてが「微調整」されていなければ、生命が誕生していないと言いきれるんでしょうか。

天文学者　その点については、非常に高い確証度を持って、言いきれると思うわね。

たとえば、我々に非常に身近な重力や電磁気力を考えてみましょう。仮に重力が今の二倍だったら、太陽は今の百倍以上の速度で燃焼し尽くし、恒星としての寿命も百億年から一億年以下に短くなるから、とても地球上に生命が誕生して進化するだけの時間的余裕はなくなるでしょう。

一方、仮に電磁気力が今の二倍だったら、陽子間の斥力《せきりょく》が強くなって、安定した分子は存在できなくなり、すべては崩壊してしまうのよ……。

■強い人間原理と弱い人間原理

マスター　そういう宇宙も可能だったわけですね。

名誉教授　もっと基本的な数値として、この宇宙の現象はすべて「縦・横・高さ」の三次元空間に「時間」の一次元を加えた四次元時空で表現されるが、この空間次元D＝3であることも生命にとって不可欠なんだ。

マスター　サイエンス・フィクションには、よく高次元からやってきた知的生命の話が出てきますが……。

名誉教授　数学的には、どんな次元数でも考察できるし、ビッグバン当時の宇宙は十一次元だったものが、宇宙の進化と共に四次元時空になったとする「ストリング理論」のような考え方もあるがね。

まず、現実問題として、一次元空間の「点」や二次元空間の「平面」に、知的生命が存在できないことは明らかだろう。さらに、「ラプラス方程式」と呼ばれる偏微分方程式を解くと、もし空間の次元数が4であれば、重力が距離の二乗ではなく三乗に反比例することが証明できる。このような世界では、たとえば恒星の周りの惑星の軌道は安定しない。

実際に、オランダのライデン大学の物理学者パウル・エーレンフェストは、天体をめぐる安定な軌道が存在するのはD≧4であることを示し、その軌道が閉じるためにはD＝0あるいはD＝3でなければならないことを証明した。つまり、ニュートンの引力の逆二乗法則が成立し、安定した惑星軌道があって生命が進化できるような状況は、三次元空間でしか成立しないわけだ。

マスター　なるほど。空間次元数が変わっていても、生命は適応できなくなっていたわけですね。

要するに、我々の宇宙は、さまざまな物理定数によって左右されている。とくにリースの指摘する六つの物理定数の数値が少しでも異なっていたら、今のような宇宙は存在しなかったはずで、もちろん生命も人間も存在しなかった、ということですね。

名誉教授　そのとおりだ。もっとも、リースの挙げているのは、現時点では相互に還元不可能な究極の六つの定数であって、通常の物理定数でいえば、二十から三十の数値が「微調整」されていなければ、現在の宇宙になっていなかった、という点は、物理的に認めざるをえない事実といえる。

アイ　そのことから、どのような結論が導かれるのでしょうか？

名誉教授　いわゆる「人間原理」だ。これには、さまざまな解釈があるが、ここでは一九七二年にケンブリッジ大学の宇宙物理学者ブランドン・カーターが分類した「弱い人間原理」と「強い人間原理」を考えてみよう。

簡単に言うと、どちらの「人間原理」も、これまでに話してきたような物理定数の「微調整」を認めたうえで、その理由を「偶然」とする「弱い人間原理」と、「必然」とする「強い人間原理」に分かれる。

一般に「弱い人間原理」は、さまざまな宇宙が生まれているという「多宇宙理論」に基づき、短命な宇宙や奇怪な宇宙もある中で、我々の宇宙は「偶然」現状のような物理定数になった宇宙であり、したがって、生命も人間も存在するようになったとみなす考え方だ。

アリゾナ州立大学の宇宙物理学者ポール・デイヴィスは、我々の宇宙を「幸運な宇宙」と呼んでいるが、文字通り我々は、無数の組み合わせで生じている無数の宇宙の中で、宝くじに当たったようなラッキーな宇宙に存在すると考えるわけだ。
一方、「強い人間原理」は、宇宙は、その進化の過程で、「必然的」に内部に知的生命が存在できるようにしているという考え方でね。つまり、さまざまな物理法則や物理定数は、どこかの段階で人間のような「観測者」を生み出すように「微調整」されていると考えるわけで……。

マスター　それは、「認識論」の問題じゃないですか！　最先端の宇宙論で、そのようなことが議論されているとは、驚きました。
つまり、もし誰も認識しないような宇宙があっても、その宇宙は認識論的には存在しないのと同じことだから、宇宙は内部に観測者を生み出すように、さまざまな物理定数を微調整したということですか？

名誉教授　まさにそれが、「強い人間原理」の導く一つの帰結だ。最近では、宇宙そのものが観測者を生み出すように「自己組織化」しているのではないかと考える宇宙物理学者も増えてきている。

マスター　宇宙が「自己組織化」するとは、まるで宇宙全体に「意識」があるみたいですね。サイエンス・フィクションならばまだしも、その仮説は、自然科学の世界では議論できないのではないでしょうか。

■「微調整」の意味

天文学者　たしかに、自然科学からは遠ざかる話になるわね。

ケンブリッジ大学の物理学者ジョン・ポーキングホーンの見解を考えてみましょうか。彼は、原子核物理学者であると同時に、英国国教会の司祭も務めるという科学者で、一九九四年には「人間原理」に基づく「神」への信仰について述べている。彼の考え方は、次のようなものよ。

ここに「宇宙製造マシン」があるとしましょう。このマシンには、二十の「調整つまみ」があって、それぞれ十の四十乗分の一の「極小」から十の四十乗の「極大」まで、好きな数値に調整できるようになっている。これらの調整つまみで、重力や電磁気力といった物理定数を好きなように選ぶと、宇宙製造マシンが、それらの物理定数に応じた「宇宙」を製造してくれる仕組みね。

たとえば「強い相互作用の核力」ε＝〇・〇〇七、「原子を結合する電気力の強さを原子間に働く重力の強さで割った数」N＝十の三十六乗のように、これらの物理定数を非常に適切に「微調整」して設定しなければ、生命に適した宇宙は出現しないというのが彼の議論の出発点……。

マスター　二十の調整つまみの一つ一つで、十の四十乗分の一から十の四十乗までの幅広い天文学的な数値の中の一つを選択して設定できるとすると、その組み合わせは、信じられないくらい膨大なものになりますね。

名誉教授　その「宇宙製造マシン」から、現在の我々の宇宙が誕生する確率について、カナダのグエルフ大学の哲学者ジョン・レスリーは、二十人の狙撃手《そげきしゅ》が、処刑台に繋がれた君の心臓にライフルの照準を合わせ、命令と共に全員が発砲したにもかかわらず、一発も当たらなかったという話に置き換えている。

君は、なぜ生き延びることができたのか？　もし一人でも狙撃手が正確に標的を撃ち抜いていたら、君はもはや生きていないから、何も考えることはできないはずだが、全員が標的を外したおかげで、君はなぜ自分が生きているのかを考えることができる……。

アイ　そのことは、何を意味するのでしょうか？

名誉教授　一つの解釈は、揃いも揃って狙撃手全員が「偶然」ミスを犯して、標的を外したというものだ。こちらは、宇宙の物理定数が「偶然」すべて生命に都合がよいようになっていただけだと考える「弱い人間原理」の論法だ。

もう一つの解釈は、実は狙撃手全員が君の味方で、君を生かしておくように、故意に全員が標的を外したというものだ。こちらは、人間の出現が「必然」となるように宇宙が「微調整」されているとみなす「強い人間原理」の論法といえる。

ポーキングホーンによれば、後者の解釈こそが真実であり、その背景に「人間の味方」であり創造主である「神」の「奇跡」が存在しなければならないということになる。

彼は、新約聖書『ロマ書』第一章の「世界が造られたときから、目に見えない神の性質、つまり神の永遠の力と神性は被造物に現れており、これを通して神を知ることができます」という言葉を引用して、「目に見えない神の性質」こそが「微調整」だと主張している。

アイ　そのように言われると、説得力があるように思えますね。生命や人間を生み出すような宇宙が「奇跡的」な確率でしか生じなかったとすると、そこに創造主がいたと考えるべきなのでしょうか？

名誉教授　ところが、そこが落とし穴でね。この種の議論に出てくる「奇跡」とか「偶然」という言葉の意味に注意する必要があるんだ。

たとえば、今ここには君が存在しているが、そのためには、以前話したように、君に二人の親が存在しなければならない。そのためには、祖父母四人、曾《そう》祖父母八人といった具合に、君のn代前の先祖としては、二のn乗人が必要になる。

仮に千年遡《さかのぼ》るとすると、およそ四十代前の先祖になるとして、その時点で先祖の総計は数兆人規模になる。この数字は、当時の世界人口を遥かに超えているから、先祖には重複があるわけだがね。

さらに遡れば、君の先祖が、七万年前の人類発生から膨大な数で連なっていることになる。仮に、その中の一組のカップルでもケンカ別れして子孫を残さなかったら、今の君は存在しない。

アイ つまり、私は、七万年前からの先祖たちが綿々と子孫を残し続けたという「偶然」の積み重ねによって、ここに存在しているということですね。

名誉教授 それだけではない。そもそも君の遺伝子は、両親の精子と卵子の結合によって生じているわけだが、それ自体が非常に確率の低い「偶然」から生じているともいえる。受精だけを考えてみても、ヒトの射精には一億から四億もの精子が含まれ、もし少しでも別の精子が卵子と結合していたら、今の君とまったく同一の遺伝子は存在していないかもしれない。

アイ　二十の物理定数の「微調整」の「奇跡」についても、それほど驚くべきことではない、ということですか？

名誉教授　そうとも考えられる。要するに、さまざまな観点から、君の遺伝子が、信じられないほどの「偶然」から「奇跡的」に生じたと解釈することはできるが、そこに必ずしも「神」を持ち出す必要はないわけだ。

一組五十二枚のトランプをよくシャッフルして、君に十三枚配るとしよう。その手の組み合わせは約六千億通りになるから、いかなる十三枚の手も、六千億分の一の確率になる。もしその手が、ハートのAからKまで順番に連なっていたら、君は「奇跡」だと思うかもしれないが、それはあくまで一つの組み合わせの「偶然」にすぎないとも考えられるわけだ。

天文学者　この議論は、何度聞いても、本当に不思議だわ……。

名誉教授　宇宙は、なぜか生命を生み出し、人類を生み出し、その人類は、何があっても子孫を「存続」させようとする……。

マスター　しかし、「存続」といっても、いつか終わりが来るでしょう？　太陽だって、永遠に輝き続けるわけではないでしょう？

天文学者　一般に、恒星の寿命は百億年で、太陽はおよそ五十億歳だから、後五十億年は輝き続ける計算になるわね。

ただし、今から二十億年もすれば、私たちの銀河系は、隣のアンドロメダ星雲の銀河M31と衝突して、融合した一個の楕円《だえん》銀河になると考えられていてね。その衝突の影響で何が起こるのか、ハーバード・スミソニアン天体物理学センターでコンピュータ・シミュレーションを行ったんだけど、私たちの太陽系は、楕円銀河の端へ飛ばされてしまいそうなのよ。

その頃の太陽は、すでに膨張を始めていて、地球を飲み込む寸前になっているはず……。赤色巨星になりつつある太陽の強力な熱は、地球上の海を干上がらせて、地球上のあらゆる生命は、滅亡してしまうでしょうね。

名誉教授　しかし、おそらくその時点で、人類は、恒星間宇宙船で他の恒星系に人類を送り出すだろう。その時点での人類は、もはや機械と融合したサイボーグになっているかもしれないがね。

天文学者　恒星間飛行には、数十年から数百年掛かるから、その間に世代交代があるでしょうね。身体は、もはや冷凍保存されているかもしれない。

あるいは、凍結精子と凍結卵子の状態で宇宙船に乗せて、ハビタブル・ゾーンの惑星に到着したら、そこで受精させて人類を生み出すようにロボットをプログラムしておくかもしれない。その方が効率的でしょう？

名誉教授　とにかく人類は、何としても子孫を「存続」させようとするだろう。

この「存続」こそが、究極の「愛」の原点なのかもしれない。

アイ　そのような人類を生み出した宇宙そのものが、人類を愛しているのかもしれませんね！

マスター　先生のシャンパン、よい加減に冷えてきましたよ。

これは、数あるシャンパーニュの中でも「シャンパンの帝王」と称されるクリュッグのヴィンテージじゃないですか！

天文学者　この泡立ち、何とも言えないわね……。

名誉教授　それでは、世界で日夜ＳＥＴＩに携わっている人々に乾杯しよう！

一同　乾杯！

おわりに

本書に登場する多彩な「愛」についての見解は、これまでにさまざまな大学で担当してきた「論理学」・「論理的思考方法」、「科学哲学」・「哲学的人間学」、あるいは「比較文化論」・「情報社会論」といった授業において、折に触れて議論してきた題材がベースになっている。

もともとは無味乾燥な「記号論理学」の授業で、学生諸君の関心を促《うなが》すために「愛」の話を例題に用いたことがキッカケだったが、その後は本格的に演習で「愛」について討論するようになり、学生諸君から「愛の相談」を受ける機会も増えた。

拙著『哲学ディベート』の「学生Xの相談」と『東大生の論理』の「ある東大生の相談」は、どちらも「愛の相談」に来た学生の実話に基づいている。

本書は、過去数年間、國學院大學の科目「情報文化論——愛の論理」で議論してきた内容に基づいている。この科目の「授業内容」は、次のようになっている。

「本講義の目的は、情報文化論の一環として、現代社会の根底に内在する『愛の論理』に関する多種多様な見解を検討することにある。

『愛』は、一見身近で誰でも知っている概念のように映るが、実際にその意味を明らかにしようとすると、宗教学・哲学・医学・心理学・文化人類学・社会学・芸術学などを駆使しても、明確に捉《とら》えることが難解なテーマである。

授業では、プレゼンテーションとディベートを通して多彩な視点を議論すると同時に、メディアやネット・コミュニケーションにおける『愛』の意味や、近未来社会における新たな『愛』の概念などについても考察を進めたい」

もし読者が國學院大學の学生ならば、この科目に興味を持たれるだろうか。

仮に読者が、この科目を選択して登録したとしよう。すると読者は、四月から七月にかけての前期期間中、毎週月曜日の午後一時、五百名近くの受講生が集まる大教室に座席を確保して、私の授業に十五回参加することになる。

この授業は三年生以上しか履修できないので、高校を卒業したばかりの一年生と比べると、それなりに皆、成人らしい顔つきの大学生に映る。受講生は、授業の進行に応じて、私が問いかける質問に対する回答を順にコメント・シートに書かなければならないので、ほとんど私語もなく、集中して話を聴いている。

授業が始まると、匿名のクラスメート三名から受けた「愛の相談」を私が発表するのが慣例になっている。受講生は、その問題を論理的に分析し、対処の可能性を考察し、相談に対するアドバイスをシートに記入しなければならない。

おもしろいアドバイスを思い付いた希望者は挙手して発表し、そこから真剣な議論に発展することもあれば、大爆笑が巻き起こることもある。

ここで読者も授業に参加しているとして、次のクラスメートの「愛の相談」に何とアドバイスするか、考えてみてほしい。

●大学生A「単純に人を好きになれないことが悩みです。彼氏なんていなくても人生楽しいし、むしろいない方が縛られないしラク！　好きな時に一人で好きなように遊べるし、人生最高！　それが親にも心配されるレベルで、実家に帰ると、私のためにNHKの番組が録画されていました。テーマは『世界の哲学者に人生相談――人を愛せない』でした。むなしすぎ……（笑）」（文学部3年女子）

●大学生B「高校を卒業するとき、別の大学に進学の決まった彼女から「別れよう」と言われた。本心では「別れたくない」という気持ちで一杯だったのに、そのときは、なぜか自分の気持ちよりも相手の気持ちを優先すべきだと考えて、相手の言うとおりにしてしまった。今でも後悔している。その事件がトラウマになって、人と深く付き合えなくなってしまった。どうすればよいのでしょうか？」（文学部3年男子）

●大学生C「好きな人への愛が尽きてしまいました。今でも好きでいたいのに、一緒に何かをするのが億劫《おっくう》で、デートに行くのも面倒だし、LINEを返すことさえ面倒になっています。もう関係を終わりにすべきか、もう少し付き合いながら、私の考えを改めるべきか。相手が可哀そうだから仕方がないという気持ちのまま、ダラダラと交際を続けてよいのでしょうか？」（経済学部3年女子）

●大学生D「ぼくはアニメやゲームが好きな、いわゆる「オタク」なのですが、二次元のキャラクターに恋愛感情を持っています。周囲に言ったら引かれるので言いませんが、彼女のことが本気で好きです。二次元キャラクターなので、この気持ちが叶《かな》わないことは十分わかっているし、叶わなくてもいいと思っています。それでも、彼女を愛しています。三次元の女性には、まったく興味が湧きません。この感情は、おかしいでしょうか？」（文学部3年男子）

●大学生Ｅ「父が不倫中で、近々両親が離婚します。父は、娘の私と妹を避けています。娘の私が何か言えば変わるのではないかと思い、言葉を掛けたりもしましたが、不倫相手と結婚すると言い張っています。何よりショックだったのは、父が、母と私達娘よりも、不倫相手を当然のように選んだことです。今まで一緒に過ごしてきた家族の時間は何だったのか、わからなくなりました。家族の愛は、どこへ行ってしまったのか？」（経済学部4年女子）

●大学生Ｆ「二歳年上の社会人の彼女と交際しているが、その女性のことを母はあまり気に入っていない。私は、その女性のことを愛していて、将来、結婚したいと思っていて、相手も同じ気持ちでいるようだ。しかし、これまで自分のことを全て犠牲にして、女手一

つで育ててくれた母に反対されても、その彼女と付き合い続けてよいのか、毎日悩んでいます」（経済学部4年男子）

●大学生G「一年間付き合った元彼がいます。彼は、私の人生で一番好きになった人で、自分のすべてを捧《ささ》げました。彼は、顔もスタイルも抜群で、性格もすごく自分のタイプでした。でも、彼のことが好きすぎるあまりに、何か怖くなって、自分から浮気をしてしまいました。それがバレて、彼から振られてしまいました。どうしてこんなバカなことをしてしまったのか？」（文学部3年女子）

●大学生H「付き合って二年になる彼女がいるが、外部との繋《つな》がりを許してくれない。付き合い始めて半年経ったくらいの時に浮気したのがバレて、浮気相手がいたサークルを辞めさせられ、SNSの女友達は全員削除、LINEも削除させられた。地元で友人と集まることも禁止され、バイト先の飲み会にも行かせてもらえない。彼女が私のことを真剣に思ってくれるのはわかるが、監視が厳しすぎる。このまま関係を続けてよいのだろうか？」（文学部3年男子）

●大学生I「三年前から、身体だけの関係の男友達がいます。その彼とは、仲がすごくいい時もあれば、悪い時もあります。お互いに、都合がよければ会うだけの関係だったのに、最近「お前と会うと、やりたくなるから、会いたくない」と言われました。これって愛？どういうことでしょうか？」（文学部4年女子）

●大学生J「サークルの友人が二年間付き合っていた彼女がいる。紹介された瞬間、その彼女に一目惚《ぼ》れしてしまった。そして、友人と彼女を別れさせるような行為をしてしまった。彼女は、私と付き合うようになったが、友人から彼女のことを何度も聞かされていたが故に、会うたびに彼女の過去に嫉妬《しっと》して泣かせて、自己嫌悪に陥る。どうすればよいのだろうか？」（経済学部4年男子）

いかがだろうか。「好きな人がいるけど告白できない」とか「二十年間、誰とも交際したことがないのが悩み」といった初歩的相談も多いのだが、ここには遥《はる》かに深い内容の人生相談もあって、読者も驚かれたのではないだろうか。

最後の大学生Jの相談に登場する「相手の過去に遡《さかのぼ》る嫉妬」を例にとると、授業では、精神科医ヴィクトール・フランクルの次の見解を紹介した。

「周知のごとく相手の過去に遡る嫉妬、すなわち以前に相手を愛した人間に対する嫉妬も存在する。かかる嫉妬に苦しめられる人間は、常に『最初の人』であることを欲する。それに対して、『最後の人』であることに満足するようなタイプは、より謙虚である。しかし彼は或《あ》る意味では謙虚ではなくて、一層求めることの大きい人間である。なぜならば彼にとっては、あらゆる他の競争相手に対する優先性が問題なのではなくて、優越性が問題なのである」

およその「愛の相談」については、このように過去の学者の見解と接点を見出《みいだ》せるので、学生諸君に興味を抱かせつつ、授業を進めることができる。

目前にある現実世界の相談から、フランクルの「優先性・優越性」の議論に引き込み、さらにユダヤ人のフランクルがナチス・ドイツの強制収容所で受けた仕打ちについても考えてもらう。この種の授業では、学生諸君が深く追究するための出発点を提示するのが、私の仕事だと思っている。

もちろん、論理的な分析や哲学的な議論は別として、学生諸君の瑞々《みずみず》しい感性から、私の方がインスパイアされることも多い。「愛」とは何か、先入観のない最初の授業で書いてもらったコメントには、本書で触れた「愛」の概念に加えて、次のように若々しい意見があった。

●大学生K「愛とはギブ・アンド・テイクだと思います。自分は、周囲に与えているし、よく貰《もら》ってもいます。どちらかが与えすぎても、うまくいかなくなるもの」（文学部3年女子）

●大学生L「真実の愛など存在しない。いつか必ず消滅に向かう幻影。瞬間的には人を幸福にしてくれるが、最終的には人を不幸のどん底に突き落とす。なぜなら、人間には寿命があるから」（法学部4年男子）

●大学生M「愛とは、寒い日に外で誰か大切な人と、半分ずっこして食べる肉マンみたいなものだと思います♡　ホカホカと、何とも言えない幸せな気持ちになる、そんなものでしょう?」（文学部3年女子）

学生諸君のコメントを通して、私が「ホカホカ」とさせられることも多い。そのようなコメントも枚挙にいとまがないが、一例を挙げておこう。

●大学生N「私は普段から、家族に何でも話している。しかし、長く付き合っていた彼氏と別れた際、あまりに辛《つら》くて何も話せなかった。親には、普段通り接していたつもりだが、私の気持ちは気づかれていたようで、その夜、私の大好物であるオムライスに、ケチャップで「元気出して」と書かれたものが夕食に出された。何も言わなくてもわかってくれる家族の「愛」を感じた」(法学部4年女子)

さて、本書は、引退した大学教授が教え子の経営するバーに行って、大学生のアルバイトと「愛」を語り合うという構成になっている。これは、あくまで一般読者が話題に入りやすいように試みた設定であり、海外で活躍するゲストも、議論の展開に都合がよいように適当に登場させた架空の人物像に過ぎない。

したがって、本書に登場する場所や人物について、特定のモデルはいっさい存在しないことをお断りしておきたい。海外各地の情景や、グルメや酒については、少しばかり私の嗜好《しこう》性が入っているかもしれないが……。

改めて「愛」とは何か。「時間とは何か」という問いに対して、哲学者アウレリウス・アウグスティヌスは、「私に誰も問わなければ、私は知っている。しかし、誰かに説明しようとすると、私は知らない」という有名な言葉を『告白』に述べている。

「愛」も「時間」と同じように、誰もがよく「知って」いて、当然のように用いているにもかかわらず、あまりにも広くて奥が深く、単純に「説明」することができない概念である。むしろ人間は、人生を歩んでいく「時間」の中で、何がその人にとっての「愛」なのかを「知って」いく存在なのかもしれない。読者の「愛」の探究に、本書が少しでもお役に立てば幸いである。

『愛の論理学』というタイトルの新書を書くことが決まったのは、二〇一一年春のことだった。角川新書編集長代理の菊地悟《きくちさとし》氏から書籍企画のお話をいただき、当初は二〇一二年の秋に脱稿する予定が、結果的に完成までに七年も掛かってしまった。菊地氏をはじめとする株式会社KADOKAWAの関係者各位には、大変なご迷惑をお掛けした。ここで、深くお詫《わ》びを申し上げたい。

株式会社KADOKAWAといえば、その前身の角川書店を創立した角川源義《かどかわげんよし》氏は、柳田国男《やなぎたくにお》、折口信夫《おりくちしのぶ》、武田祐吉《たけだゆうきち》らの指導を受けて、一九四一年に國學院大學を卒業している。長年勤務している大学と縁の深い出版社から書籍を上梓《じょうし》できることを光栄に思っている。

國學院大學の同僚諸兄、ゼミの学生諸君、情報文化研究会のメンバー諸氏には、さまざまな視点からヒントや激励をいただいた。それに、家族と友人のサポートがなければ、本書は完成しなかった。助けてくださった皆様に、心からお礼を申し上げたい。

二〇一八年四月七日

高橋昌一郎《たかはししょういちろう》

参考文献

本書で引用した時事的な文献については、その都度、出典を示してある。その他、本書で用いた事実情報は、原則的に以下の文献から得たものである。本書で扱った話題は多岐にわたり、参考文献も際限なく挙げることができるのだが、主要文献と読者の入手しやすい推奨文献を優先してあることをご了承いただきたい。

全般

本書全般において次の拙著を参照した。引用および重複する内容のあることをお断りしておきたい。

[1] 高橋昌一郎『ゲーデルの哲学』講談社（現代新書）、1999年。
[2] 高橋昌一郎『科学哲学のすすめ』丸善、2002年。
[3] 高橋昌一郎『哲学ディベート』日本放送出版協会（NHKブックス）、2007年。
[4] 高橋昌一郎『理性の限界』講談社（現代新書）、2008年。
[5] 高橋昌一郎『知性の限界』講談社（現代新書）、2010年。
[6] 高橋昌一郎『東大生の論理』筑摩書房（ちくま新書）、2010年。

［7］高橋昌一郎『感性の限界』講談社（現代新書）、2012年。

［8］高橋昌一郎『小林秀雄の哲学』朝日新聞出版（朝日新書）、2013年。

［9］高橋昌一郎『ノイマン・ゲーデル・チューリング』筑摩書房（筑摩選書）、2014年。

［10］高橋昌一郎『反オカルト論』光文社（光文社新書）、2016年。

第一夜

［11］飯田史彦『愛の論理』PHP研究所（PHP文庫）、2002年。

［12］旧約聖書翻訳委員会編『旧約聖書』全15巻、岩波書店、1997－2001年。

［13］新約聖書翻訳委員会編『新約聖書』全5巻、岩波書店、1995－1996年。

［14］Keith Stanovich, *The Robot's Rebellion*, The University of Chicago Press, 2004.［キース・スタノヴィッチ（椋田直子訳・鈴木宏昭解説）『心は遺伝子の論理で決まるのか』みすず書房、2008年。］

［15］中田一郎『ハンムラビ王』山川出版社、2014年。

［16］中田一郎訳『ハンムラビ「法典」』リトン、2000年。

［17］水月昭道『高学歴ワーキングプア』光文社（光文社新書）、２００７年。

［18］山口裕之『「大学改革」という病』明石書店、２０１７年。

［19］Konrad Lorenz, *On Aggression*, Routledge, 1963.［コンラート・ローレンツ（日高敏隆・久保和彦訳）『攻撃』みすず書房、１９７０年。］

第二夜

［20］アムネスティ・インターナショナル日本支部『世界の女性と人権』明石書店、１９９５年。

［21］井筒俊彦訳『コーラン』全3巻、岩波書店（岩波文庫）、１９５７－１９６４年。

［22］小学館編『国連憲章』小学館、２００３年。

［23］Souad, *Burned Alive*, Bantam, 2005.［スアド（松本百合子訳）『生きながら火に焼かれて』ソニー・マガジンズ、２００４年。］

［24］日本国際連合協会『わかりやすい国連の活動と世界』三修社、２００７年。

［25］林典子『キルギスの誘拐結婚』日経ナショナルジオグラフィック社、２０１４年。

［26］Ayse Onal, *Honour Killing*, Al Saqi, 2008.［アイシェ・ヨナル（安東建訳）『名誉の

殺人』朝日新聞出版（朝日選書）、２０１３年。］

第三夜

［27］Francoise Cachin, *Discoveries: Gauguin*, Harry N. Abrams, 1992.［フランソワーズ・カシャン（田辺希久子訳）『ゴーギャン』創元社、１９９２年。］
［28］Paul Gauguin, *Noa-Noa*, Pallas Athene Pub, 1901.［ポール・ゴーギャン（前川堅市訳）『ノア・ノア』岩波書店（岩波文庫）、１９３２年。］
［29］坂崎乙郎・高階秀爾・中山公男編『ゴッホ、ゴーガンとその周辺』社会思想社（教養文庫）、１９６３年。
［30］中川智保子『猫おばさんのねがい』ハート出版、２００７年。
［31］坂東眞砂子『「子猫殺し」を語る』双風舎、２００９年。
［32］Jane Brassai, *Conversations with Picasso*, The University of Chicago Press, 1985.［ブラッサイ（飯島耕一・大岡信訳）『語るピカソ』みすず書房、１９６８年。］

第四夜

[33] 越智啓太『美人の正体』実務教育出版、２０１３年。

[34] 越智啓太『恋愛の科学』実務教育出版、２０１５年。

[35] R. Sternberg & K. Weis eds., *The New Psychology of Love*, Yale University Press, 2006.

[36] Daniel Todes, *Ivan Pavlov*, Oxford University Press, 2000. [ダニエル・トーデス（近藤隆文訳）『パヴロフ』大月書店、２００８年。]

[37] Fritz Heider, *The Psychology of Interpersonal Relations*, Wiley, 1958. [フリッツ・ハイダー（大橋正夫訳）『対人関係の心理学』誠信書房、１９７８年。]

[38] Helen Fisher, *Anatomy of Love*, Simon & Schuster, 1993. [ヘレン・フィッシャー（吉田利子訳）『愛はなぜ終わるのか』草思社、１９９３年。]

[39] Helen Fisher, *Why We Love*, Henry Holt & Co., 2004. [ヘレン・フィッシャー（大野晶子訳）『人はなぜ恋に落ちるのか?』ソニーマガジンズ、２００５年。]

[40] Leon Festinger, *When Prophecy Fails*, Harper, 1957. [レオン・フェスティンガー（末永俊郎訳）『認知的不協和の理論』誠信書房、１９６５年。]

［41］Scott Peck, *The Road Less Traveled*, Touchstone, 1978.［スコット・ペック（氏原寛・矢野隆子訳）『愛と心理療法』創元社、１９８７年。］
［42］Roger Hock, *Forty Studies That Changed Psychology*, Prentice-Hall, 2002.［ロジャー・ホック（梶川達也・花村珠美訳）『心理学を変えた40の研究』ピアソン・エデュケーション、２００７年。］
［43］松井豊『恋ごころの科学』サイエンス社、１９９３年。
［44］John Lee, *Colours of Love*, New Press, 1973.

第五夜

［45］伊藤公雄・樹村みのり・國信潤子『女性学・男性学』有斐閣、２０１１年。

［46］江原由美子『自己決定権とジェンダー』岩波書店、２００２年。

［47］セクシュアルマイノリティ教職員ネットワーク編『セクシュアルマイノリティ』明石書店、２００３年。

［48］Richard Norman, *The Moral Philosophers*, Oxford University Press, 1998.［リチャード・ノーマン（塚崎智・石崎嘉彦・樫則章監訳）『道徳の哲学者たち』ナカニシヤ出版、

２００１年。］
［49］James Rachels, *The Elements of Moral Philosophy*, McGraw-Hill, 1999.［ジェームズ・レイチェルズ（古牧徳生・次田憲和訳）『現実をみつめる道徳哲学』晃洋書房、２００３年。］
［50］ＲＹＯＪＩ ＆ 砂川秀樹編『カミングアウト・レターズ』太郎次郎社エディタス、２００７年。
［51］Andreas Wagner, *Paradoxical Life*, Yale University Press, 2009.［アンドレアス・ワグナー（松浦俊輔訳）『パラドクスだらけの生命』青土社、２０１０年。］

第六夜

［52］川島正樹『アファーマティヴ・アクションの行方』名古屋大学出版会、２０１４年。
［53］黒崎真『マーティン・ルーサー・キング』岩波書店（岩波新書）、２０１８年。
［54］Peter Singer, *Practical Ethics*, Cambridge University Press, 1993.［ピーター・シンガー（山内友三郎・塚崎智監訳）『実践の倫理』昭和堂、１９９９年。］
［55］P. Singer & H. Kuhse, *Should the Baby Live?* Oxford University Press, 1985.

［56］辻村みよ子『ポジティヴ・アクション』岩波書店（岩波新書）、２０１１年。
［57］松永正訓「口唇口蓋裂を受け入れられなかった家族」YOMIURI ONLINE ２０１７年11月２日（https://yomidr.yomiuri.co.jp/article/20171012-OYTET50005/）。
［58］Robert Veatch, *The Basics of Bioethics*, Prentice-Hall, 2003.［ロバート・ヴィーチ（品川哲彦監訳）『生命倫理学の基礎』メディカ出版、２００４年。］
［59］安井倫子『語られなかったアメリカ市民権運動史』大阪大学出版会、２０１６年。

第七夜

［60］Chris Impey, *How It Ends*, Norton, 2010.［クリス・インピー（小野木明恵訳）『すべてはどのように終わるのか』早川書房、２０１１年。］
［61］川原尚行『行くぞ！ロシナンテス――日本発国際医療ＮＧＯの挑戦』山川出版社、２０１５年。
［62］国境なき医師団日本監修『国境なき医師団』全６巻、大月書店、２００５－２００６年。
［63］Carl Sagan, *Contact*, Simon & Schuster, 1985.［カール・セーガン（高見浩・池央

耿訳）『コンタクト』全2巻、新潮社、１９８６年。］
［64］Carl Sagan, *Cosmos*, Random House, 1980.［カール・セーガン（木村繁訳）『ＣＯＳＭＯＳ』全2巻、朝日新聞社出版局、１９８０年。］
［65］Paul Davies, *The Goldilocks Enigma*, Penguin Books, 2006.［ポール・デイヴィス（吉田三知世訳）『幸運な宇宙』日経ＢＰ社、２００８年。］
［66］Leo Tolstoy, *My Religion; On Life; Thoughts on God; On the Meaning of Life*, Forgotten Books, 2017.［レフ・トルストイ（米川和夫訳）『人生論』角川書店（角川文庫）、１９５８年。］
［67］J. Barrow & F. Tipler, *The Anthropic Cosmological Principle*, Oxford University Press, 1986.
［68］Erich Fromm, *The Art of Loving*, Harper & Brothers, 1956.［エーリッヒ・フロム（鈴木晶訳）『愛するということ』紀伊國屋書店、１９９１年。］
［69］Martin Rees, *Just Six Numbers*, Basic Books, 2000.［マーティン・リース（林一訳）『宇宙を支配する６つの数』草思社、２００１年。］
［70］Martin Rees, *Our Final Century?* Heinemann, 2003.［マーティン・リース（堀千恵

子訳）『今世紀で人類は終わる？』草思社、２００７年。］

おわりに

［71］Augustine, *Confessions*, Penguin Classics, 1961.［アウグスティヌス（服部英次郎訳）『告白』全2巻、岩波書店（岩波文庫）、１９７６年。］
［72］Viktor Frankl, *Aerztliche Seelsorge*, Franz Deuticke, 1952.［ヴィクトール・フランクル（霜山徳爾訳）『死と愛』みすず書房、１９８５年。］

高橋昌一郎（たかはし・しょういちろう）
1959年大分県生まれ。國學院大學教授。専門は論理学・哲学。ウエスタンミシガン大学数学科および哲学科卒業後、ミシガン大学大学院哲学研究科修了。主要著書は『理性の限界』『知性の限界』『感性の限界』『ゲーデルの哲学』（以上、講談社現代新書）、『東大生の論理』（ちくま新書）、『反オカルト論』（光文社新書）、『小林秀雄の哲学』（朝日新書）、『哲学ディベート』（NHKブックス）、『ノイマン・ゲーデル・チューリング』（筑摩選書）、『科学哲学のすすめ』（丸善）など。超自然現象や疑似科学を究明するJAPAN SKEPTICS副会長。

愛《あい》の論《ろん》理《り》学《がく》

高橋《たかはし》 昌《しよう》 一郎《いちろう》

2018年 6 月 10 日　初版発行

発行者　郡司 聡
発　行　株式会社KADOKAWA
〒102-8177　東京都千代田区富士見 2-13-3
電話　0570-002-301（ナビダイヤル）
装 丁 者　緒方修一（ラーフイン・ワークショップ）
ロゴデザイン　good design company
オビデザイン　Zapp!　白金正之
印 刷 所　暁印刷
製 本 所　BBC

角川新書
© Shoichiro Takahashi 2018 Printed in Japan　ISBN978-4-04-082212-9 C0295

KADOKAWAの新書 好評既刊

逃げ出す勇気
自分で自分を傷つけてしまう前に
ゆうきゆう

本書で言うところの「逃げ出す」は決してネガティブな意味ではありません。一旦引いて戦局を見直し、できるだけ傷を負わずに難局を乗り切る。そんな「戦略的撤退」という意味の「逃げ出す」極意です。

心を折る上司
見波利幸

管理職の仕事は、管理すること――その固定観念が部下のやる気をそいでいます。上司に求められているのはむしろ「育成」。2万人のビジネスパーソンと向き合ってきた著者が、組織力を上げる上司の姿勢、実践方法を伝えます。

中国新興企業の正体
沈才彬

配車アプリ、シェア自転車、ドローン、出前サイト、民泊、ネット通販……。中国で誕生したニューエコノミー分野の新企業は、今や世界最大規模にまで急成長している。「スマホ決済」を媒介に進化を遂げる中国ニュービジネスの最前線を追った。

勉強法
教養講座「情報分析とは何か」
佐藤　優

国際社会は危機的な状況にある。多くの人は何が事実か判断がつかず、混乱している。〈情報〉の洪水に溺れないためには、インテリジェンスが必要であり、それを支える知性を備えなければならない。一生ものの知性を身に付ける勉強法!!

科学的に人間関係をよくする方法
堀田秀吾

コミュニケーションのうまい、下手には理由があった！　世界の研究者たちによる論文などから、人間関係の極意をピックアップ。「ほめるときは人づてに」「ツンデレ会話で魅力度UP」など、今日から使えるノウハウが満載。